El amor más grande

Angie L. Luna

El amor más grande

Papel certificado por el Forest Stewardship Council®

Primera edición: abril de 2025

© 2025, Angy L. Luna
Autora representada por Sandra Bruna Agencia Literaria, S.L.
© 2025, Penguin Random House Grupo Editorial, S. A. U.
Travessera de Gràcia, 47-49. 08021 Barcelona

Penguin Random House Grupo Editorial apoya la protección de la propiedad intelectual. La propiedad intelectual estimula la creatividad, defiende la diversidad en el ámbito de las ideas y el conocimiento, promueve la libre expresión y favorece una cultura viva. Gracias por comprar una edición autorizada de este libro y por respetar las leyes de propiedad intelectual al no reproducir ni distribuir ninguna parte de esta obra por ningún medio sin permiso. Al hacerlo está respaldando a los autores y permitiendo que PRHGE continúe publicando libros para todos los lectores. De conformidad con lo dispuesto en el artículo 67.3 del Real Decreto Ley 24/2021, de 2 de noviembre, PRHGE se reserva expresamente los derechos de reproducción y de uso de esta obra y de todos sus elementos mediante medios de lectura mecánica y otros medios adecuados a tal fin. Diríjase a CEDRO (Centro Español de Derechos Reprográficos, http://www.cedro.org) si necesita reproducir algún fragmento de esta obra.
En caso de necesidad, contacte con: seguridadproductos@penguinrandomhouse.com

Printed in Spain – Impreso en España

ISBN: 978-84-666-8057-8
Depósito legal: B-2.583-2025

Compuesto en Comptex & Ass., S. L.

Impreso en Liberdúplex
Sant Llorenç d'Hortons (Barcelona)

BS 80578

*A mi niña interior, que aún guarda
en su corazón la fuerza y la vulnerabilidad
que me impulsan a seguir adelante.*

*A mi yo de hace unos pocos años, que lloraba
hasta quedarse dormida en la misma cama
que el hombre que decía amarme, pero que
no sabía qué era el amor verdadero.*

*A todas las que me escriben por privado y me
preguntan cuál fue la clave para superar una separación,
buscando esperanza y fortaleza en medio del dolor.*

*A ti, que has dado el primer paso al adquirir
este libro. Este es solo el inicio de tu propio camino
hacia la sanación y el crecimiento.*

*Y a todos aquellos que me echaron tierra en algún
momento. Ahora podéis verme florecer.*

Índice

Introducción. Un pastel menos 11

1. Los años felices 15
2. El hueco 23
3. En modo supervivencia 31
4. Una historia de amor de película 47
5. El principio del fin 59
6. ~~Los niños lo cambian todo.~~ La presión social
lo cambia todo. 69
7. El momento eureka 85
8. Y ahora, ¿qué?. 93
9. El convenio 105
10. Decírselo a las niñas 115
11. El adiós 125
12. Coparentar 139
13. Volver a encontrarme 161
14. ¿Volver a enamorarme? 179

Agradecimientos. 189

Introducción

Un pastel menos

El día de mi boda, todo el mundo me felicitó por el pastel. Coincidían en que estaba riquísimo. Pero yo no puedo confirmarlo, porque no comí ni un solo trozo. Me dejé todos los ahorros en esa boda; una boda con un pastel cuyo sabor ni siquiera pude probar. Como digo en mis redes, las señales son muy claras, pero supongo que a veces preferimos ignorarlas.

Soy Angie L. Luna, aunque es posible que me conozcáis como @eyesofthemoon, porque así me llamo en Instagram y en TikTok. «Ojos de la luna en inglés», como siempre explico. Mis redes sociales son un reflejo de lo que estoy viviendo en cada momento de mi vida. Por eso, en ellas empecé hablando de viajes, seguí con la maternidad y hoy hablo de mi divorcio y de mi experiencia personal coparentando.

El 6 de agosto de 2023 publiqué un vídeo en el que conté que me había divorciado y mis redes explotaron. No os podéis hacer una idea de la cantidad de mensajes que recibí. Algunos de ellos, llenos de odio e incomprensión. Pero también me llegaron muchos otros de mujeres que me explicaban las situaciones que ellas mismas estaban atravesando y el miedo que sentían a separarse de sus parejas teniendo hijos en común. Creo que todos esos mensajes, repletos de esperanza y ganas de seguir adelante, se merecen una respuesta mucho más profunda que la que podría proporcionar en redes.

Al final, los creadores de contenido hacemos vídeos de un máximo de treinta segundos. Treinta segundos, en el mejor de los casos, porque a veces son quince, diez o incluso cinco. Y en ese tiempo es muy difícil que os pueda explicar lo que se esconde tras las situaciones que vivo cada día y las decisiones que tomo. En redes solo habéis visto mis determinaciones, no las opciones que tenía.

Por eso he escrito este libro. Para responder a las preguntas, dudas y comentarios de mis seguidoras, mis queridas *Flowers*, y también para acercarme a todos aquellos padres y madres divorciados que puedan estar atravesando una situación parecida a la mía. Siento que es importante que os cuente cuáles son mis orígenes para que podáis entender cómo llegué hasta aquí. Porque la mía no siempre ha sido una vida cómoda y llena de facilidades. Y espero que en mi historia halléis el consuelo y la comprensión que necesitáis en este momento. O como mínimo, una distracción que os resulte entretenida y os ayude a relajaros y a sentiros un poco más acompañadas.

Este no es el libro de un divorcio cualquiera. Es la historia de un divorcio con niños. Mi separación habría sido muy distinta si no hubiese tenido a mis dos hijas. Dos niñas estupendas a las que quiero proteger por encima de todo y que no se merecen que las decisiones que toman sus padres afecten a su futuro como adultas. Justo por eso, mientras mi ideal de pareja, de familia y de futuro moría, nació una nueva forma de familia que a día de hoy me parece perfecta.

Así pues, en las páginas que siguen encontraréis las vivencias y reflexiones que han contribuido a que mi concepto de pareja y familia haya ido evolucionando a lo largo de mis casi cuarenta años. Espero sinceramente que os ayuden a avanzar y que consigáis responder todas esas preguntas que yo misma me hice durante mi separación. Porque el proceso es duro y las dudas nunca se acaban, pero más duro es aferrarse a algo que una ya no quiere.

Yo siempre he sido muy de elaborar listas y os puedo asegurar que la lista más dolorosa que he hecho nunca es la de los pasos que tenía que dar para divorciarme. Mientras la iba completando aprendí cosas importantísimas, como que los límites que a veces nos ponemos están solo en nuestra cabeza, que no es necesario vivir siempre en modo supervivencia, que no pasa nada si pides ayuda, y la más importante de todas: que el mayor amor de todos es el propio.

Y si hoy os puedo contar todo esto es gracias a la terapia y al acompañamiento que he recibido. Sé que hay gente que sale sola de esta situación, pero yo he necesitado ayuda y me parece muy importante decirlo. Porque todo este proceso es mucho más duro si no tienes la compañía adecuada. También ha sido fundamental el paso del tiempo. Hace un año hubiese sido imposible para mí ponerme a escribir algo así. No es que ahora sea fácil, pero al menos me siento más capaz de hablar de ello.

A mí siempre me ha gustado escribir. Todas las cosas malas que he ido viviendo me las he sacado de dentro escribiendo. De ahí que los textos que acompañan mis fotos y vídeos resulten tan largos algunas veces. Porque yo las cosas necesito exteriorizarlas. Y eso es lo que hago aquí: dejar por escrito que lo he logrado. Que puede que ahora te parezca imposible y te cueste mucho esfuerzo, pero sí se puede conseguir. Podrás volver a ser tú, podrás volver a quererte e incluso podrás comer pasteles riquísimos sin necesidad de pasar por una boda. Porque nunca es demasiado tarde para empezar a vivir la vida que deseamos.

1

Los años más felices

Esta historia empieza donde todo lo hace: en la infancia. Por suerte, los recuerdos que guardo de mis primeros años de vida son buenos. Tuve una infancia tan entrañable que a veces pienso que es una pena que en la realidad no resultase tan maravillosa como yo creía. Aunque eso no deja de hacerlo bonito. Así que fue bonito, pero con matices. La vida no es perfecta, ni tampoco puede ser siempre mágica. Pero empecemos por el principio...

Yo nací en Santo Domingo, la capital de República Dominicana. Según me cuenta mi madre, fui una bebé deseada y amada, a pesar de que ella tan solo tenía veintiún años cuando yo vine al mundo. Siempre me ha llamado la atención lo joven que era, pero no es un tema que hayamos comentado nunca. Sé que mi madre contaba con esa edad porque yo misma saqué el cálculo. No la oí pronunciar jamás ningún reproche del tipo «yo te tuve con veintiún añitos» o «me quedé embarazada de ti y tuvimos que casarnos corriendo».

Me imagino que la juventud de mis padres explica que al principio viviésemos en la casa de un tío de mi padre, el tío Luís. Aunque mi estancia en esa casa duró muy poco. Cuando apenas tenía unos meses de vida, mi madre se vio obligada a dejarme con mis abuelos maternos para seguir trabajando en la ciudad y así poder mantenerme. Por tanto, podría decirse que, desde bien pequeña, mis abuelos fueron mis padres.

Mi abuela, «mamá» para mí, se llamaba Modesta Emperatriz y creo que eso lo dice todo. Era una mujer dulce y noble que siempre dio su vida por sus hijos, sus nietos y su marido. Nunca nadie me brindó tanto amor como ella. Por su parte, mi abuelo Miguel, Manino para todo el mundo y «papá» para mí, era un hombre trabajador, educado, emprendedor y también muy estricto con nosotros.

Fueron unos segundos padres maravillosos, que siempre me proporcionaron todo lo que necesité. En algunos casos, incluso más, porque la verdad es que mi abuela me cebaba. No paraba de darme comida. Dicen que cuando era una bebé, en una mano llevaba un biberón con leche y en la otra, uno con papilla. Ella estaba tan preocupada por que creciera que una vez, cuando ya era un poco más mayor, tuve una sobredosis de hierro. Me hinché, los labios se me pusieron de color púrpura, por no hablar de las deposiciones..., pero así era ella. Siempre cuidándonos, siempre dándonos todo lo que consideraba mejor para nosotros.

De pequeña, mi comida favorita eran los tostones con queso de hoja y kétchup. Para los que no hayáis probado nunca la comida dominicana, os explico: los tostones son trozos fritos de plátano verde, aplastados a modo de pequeñas tostadas. El queso de hoja es un queso típico dominicano que resulta especialmente delicioso en la zona del país en la que me crie. Y el kétchup, creo que ya lo conocéis.

Uno de mis planes favoritos de niña era sentarme delante de la tele a ver *Sábado Gigante* (un *reality show* muy popular en Latinoamérica) en una mecedora con mi abuela mientras comía tostones. Y ese es el tipo de recuerdos que tengo de mi infancia. Tampoco se me olvidarán las excursiones a la playa en familia: todos mis primos y yo, subidos en la parte trasera de una camioneta, gritando, jugando, rodeados de cocoteros, con la brisa del mar en la cara. Y es que si algo marcó para siempre mi infancia fue haber crecido en Nagua.

Nagua es donde realmente me crie: un pueblo costero, pequeñito, situado en el norte del país. Toda mi familia, tanto por parte de madre como de padre, procede de allí. Y en ese lugar siempre me sentí libre. El mar estaba justo enfrente de la casa de mis abuelos, y entremedias, se hallaba el descampado en el que todos los niños nos juntábamos para jugar, así que podía ir sola a todas partes.

En Nagua éramos una familia conocida, ya que mi abuelo tenía (y todavía tiene) una fábrica de hielo. ¿Y quién no necesita hielo en República Dominicana? Por eso, fuese a donde fuese, me sentía protegida, porque todo el mundo sabía quién era: la nieta de Manino.

Nagua fue el epicentro de mi niñez. Por el mar, por mis abuelos y por mis tíos. Por parte de mi madre tengo ocho tíos, seis de ellos con hijos, así que imaginaos la cantidad de primos que somos. Entre los niños del barrio y mis primos, la diversión nunca se acababa. Aunque hay dos personas a las que debo agradecer especialmente lo bonita que fue toda esa etapa de mi vida: tía Asfodil y tío Arturo, a quien yo siempre llamé Ta. Asfodil y Arturo eran y son mis tíos favoritos. Pasaba mucho tiempo a su lado, porque ellos estaban para mí en todo momento. Los quiero mucho y les agradezco el tiempo y el cariño que me dieron. Gracias a ellos y a mis abuelos maternos, de pequeña siempre tuve todo lo que quise. Nunca poseí nada demasiado extravagante, pero tampoco me faltó de nada.

Ta conducía un coche muy pequeño, pero eso daba igual: nos metía a todos los primos allí dentro y nos llevaba a pasear. Ya cuando me mudé de vuelta a Santo Domingo, tía Asfodil vivía justo debajo de mi casa. Ella tuvo un hijo, Oliver, mi primito. Oliver, mis hermanos Nadin y Yasser y yo éramos los inseparables.

Como te podrás imaginar por estas escenas, había mucha gente presente en mi vida que todavía permanece en ella. Y les estoy muy agradecida, porque en los momentos duros que vinieron más adelante, siempre me dieron motivos para sentirme a gusto y siempre encontré apoyo. Por eso es tan importante rodearse de muchas y buenas personas. Lo más bonito es que, hoy en día, Asfodil y Arturo son igual de increíbles con mis hijas. Cada vez que vamos a República Dominicana las sacan a pasear y las consienten tanto como a mí cuando tenía su edad.

La casa de mis abuelos era el punto de encuentro de la familia al completo: siempre estábamos allí, compartiendo y celebrando. Todos los fines de semana, todas las vacaciones, todas las navidades, todos los veranos. Y allí no nos faltaba de nada. Bueno, solo una cosa: el hielo. En casa del herrero, cuchara de palo. En cada fiesta era igual. Nunca teníamos hielo. Este, increíblemente, escaseaba por defecto.

Mi familia materna era, de puertas para fuera, una familia ideal, donde todo funcionaba como mandaba la tradición. Y a mis ojos, resultaba perfecto. Sin embargo, la realidad era bien distinta. Sin ir más lejos, mi abuelo tuvo cuatro hijos fuera del matrimonio. Pero a todos mis tíos y primos se nos enseñó a respetar y a venerar a mi abuelo por encima de todo.

Ahora, desde mi perspectiva de adulta, no puedo entender por qué mi abuela sufrió tanto en silencio. Me pregunto por qué tuvo que aguantar todo eso. Por qué fue tan noble y tan buena con alguien que le hacía semejante daño. ¿Realmente era feliz? Me apena no haber tenido la oportunidad de preguntarle cómo se sentía. ¿Por qué aceptaba las infidelidades de mi abuelo? ¿Qué le hubiese gustado hacer en realidad a ella? ¿Qué cosas le apasionaban de verdad?

Desde bien pequeña, tuve ejemplos cercanos de matrimonios muy distintos, pero todos aparentaban ser iguales, ya que antes los problemas se escondían tras las sonrisas y la falsa aceptación por parte de unas familias y una sociedad machista y altamente patriarcal, en la que nadie podía reprochar las infidelidades de mi abuelo. Nadie podía cuestionar la forma en la que nos habían enseñado a vivir. Permanecen grabados en mi cabeza todos los «tienes que» y los «así no se hace» que me inculcaron en esa época. En mi familia, tenerlo todo significaba no dudar, no cuestionar y no pensar más allá de lo que se nos había enseñado; para tenerlo todo, tocaba cumplir. Supongo que, por eso, para mi abuela Modesta los demás siempre fueron por delante de ella. Y el primero de todos, mi abuelo.

Yo quería tanto a mi familia, sobre todo a mi abuela, que nunca me planteé hacer nada que pudiese molestarles. No quiero ni pensar el dolor que podría haberle causado a ella verme separada, verme haciendo algo que se escapaba en esencia de los rígidos patrones en los que suponía que yo tenía que vivir. Sin embargo, mi abuela sí pudo presenciar la mayoría de mis grandes acontecimientos vivenciales: me vio concluir mi preparación académica y profesional, me vio enamorada, casada, vio mis inicios como madre… Espero que se llevara esa felicidad con ella y que estuviese orgullosa y satisfecha conmigo.

Me pregunto si seré yo la que rompa con toda esta abnegación y esta costumbre de soportarlo todo. Quizá mi infancia sea la causante de que hoy en día aguante tan poco de los demás. Que tenga menos resistencia, que sea más rebelde.

La infancia, ese capítulo inicial de la vida, moldea a nuestro yo adulto, dejando una huella indeleble en nuestras relaciones amorosas, en nuestra vida laboral y en cada rincón de nuestra existencia. Siento que cada detalle es una ventana hacia mi ser, una oportunidad para reflexionar sobre la intrincada red de experiencias que forman el tejido de la persona que soy ahora.

La infancia no solo es un pedazo de nuestra existencia. Es un caleidoscopio de emociones, vivencias y enseñanzas que se acabarán proyectando en nuestra vida adulta. Las relaciones amorosas a menudo se encuentran impregnadas de las lecciones aprendidas en esos primeros años. Y no es hasta la edad adulta que podemos comprender y desentrañar esas conexiones.

En mi caso, hasta que no me separé y me embarqué en un viaje de autoconocimiento, no pude entender la profundidad de las heridas que me había dejado la infancia. Por eso, al compartir estas experiencias no solo quiero descubriros mi propia historia, sino que pretendo invitaros a reflexionar sobre las historias que todos llevamos dentro. Porque cada trayectoria personal es un hilo en el tapiz de la comprensión mutua. Y si bien mi vida es única, las resonancias con vuestras propias vivencias pueden tejer un lazo de empatía invisible pero necesario.

Lo que quiero transmitirte es que, gracias a haber repasado mi propia historia, soy una persona mucho más consciente de mis emociones y estoy orgullosa de ello. Y por eso, os animo a que compartáis vuestras reflexiones conmigo siempre que queráis. ¿Cómo influyó vuestra infancia en vuestra vida adulta? ¿Qué lecciones lleváis grabadas en el corazón? Mis redes son un espacio abierto para que exploremos juntas la maraña de conexiones que nos definen.

Mi *checklist* de lecciones aprendidas:

- ☑ La vida no siempre es tan mágica como nos hacen creer los cuentos infantiles.
- ☑ Echar la vista atrás y conectar con nuestros recuerdos nos puede ayudar a entender quiénes somos ahora y quiénes queremos ser.

2

El hueco

Mi padre falleció de cáncer sin que yo supiera que estaba enfermo. El día en que me enteré fue como si me clavaran un puñal en el corazón. Ya no había vuelta atrás. Ya nunca lo volvería a ver. Nunca sabría cómo se encontraba, si alguna vez pensó en mí después de irse, si se arrepentía de lo que nos había hecho. Ni siquiera sé cómo fueron sus últimos días. ¿Por qué? Porque hacía años que había dejado de hablarle.

Yo sentía mucho rencor. Estaba muy decepcionada con él y con todo el dolor que nos había provocado a mi madre, a toda mi familia y a mí. Desde el día en que tuve que salir corriendo de mi casa con mi madre y esperar en un callejón a que llegara la policía, yo ya no lo veía como mi padre, sino como una amenaza.

Hay detalles de la vida de mis padres en los que nunca he llegado a ahondar. Algún día, me gustaría poder sentarme a hablar de ello con mi madre. Pero a ella no la educaron para compartir conmigo este tipo de conversaciones. Y ella a mí, tampoco. Por eso, yo no guardo muchos recuerdos de la relación amorosa de mis padres. Solo sé lo que me contó mi madre: que se conocieron en

Nagua y que mi padre fue el único hombre en su vida. «El ÚNICO», dice siempre ella, orgullosa. Con mi madre tampoco mantengo una relación muy cercana. Hablamos de vez en cuando y le cuento cómo me va la vida, pero omito muchos detalles de forma consciente, porque sé que si se los cuento, solo recibiré reproches del tipo «yo no te eduqué así» o «eso no fue lo que yo te enseñé», o el ya conocido por todos «tienes que», que son las típicas expresiones de mi madre. «Que no se te olvide llamar a tu tío». «Que no se te olvide darle las gracias a fulano». Unas frases que sigue diciéndome a día de hoy, siendo yo una adulta de cuarenta años.

Con el tiempo he llegado a entender que, al quedarse embarazada de mí tan joven, mi madre se dejó por el camino muchos sueños y objetivos sin cumplir. Y eso hizo que volcara sobre mí todo lo que ella no pudo ser, supongo que para acercarse de algún modo a aquellas cosas que le faltaron por hacer antes de ser madre. Para una niña pequeña, eso es demasiado. Mi mayor miedo siempre fue que mi madre no se sintiera orgullosa de mí, porque yo sabía que todas sus esperanzas estaban puestas sobre mis hombros. Y todavía hoy en día hay situaciones que contribuyen a que me vuelva a sentir así.

Eso en parte explica que, en mi mente y en mi corazón, yo nunca sea suficiente para mi madre. No importa lo que haga, no importa lo que logre. Puedo obtener becas, comprarme una casa con mis propios medios o conseguir cualquier cosa que se os ocurra. Para ella todo eso da igual, siempre hay alguna pega que ponerme, algún detalle que recriminarme. Así fue durante toda mi infancia y adolescencia y así sigo sintiéndolo ahora. Y esa sensación constante de ser insuficiente es muy dura. Aunque, en realidad, estoy segura de que yo internamente la he juzgado a ella mucho más que ella a mí. Por haber perdido tanto tiempo con mi padre y por haber soportado tanto. Pero, en realidad, tiene todo el sentido del mundo, porque fue lo que ella vio hacer a mi abuela.

En cuanto a mi padre, supongo que fue ejemplar hasta que dejó de serlo. Yo no lo recuerdo mucho, pero mi madre siempre me ha contado lo *puesto* que era conmigo, su primera hija. Dice que a menudo me ayudaba con mis deberes y con los trabajos de clase. Cuando estaba bien, era una persona muy graciosa y también muy resolutiva; detallista y cuidadoso. De hecho, creo que es el único médico con buena letra que he conocido en mi vida. También era un manitas, capaz de arreglar cualquier cosa que se estropease, sobre todo si se trataba de un coche. Me da mucha pena que lo echara todo a perder por una causa tan ruin como el alcohol.

La incertidumbre de no saber cómo volvería cada noche, si estaría *bien* o si llegaría borracho, gobernaba nuestros días. Nunca sabíamos qué esperar. Cuando entraba en casa, debíamos leer cómo se encontraba. Si se había emborrachado, no podíamos molestarle. Y, además, se pasaba el siguiente día entero durmiendo, así que nosotros teníamos que estar callados, sin hacer ningún tipo de ruido. Nuestra vida dependía completamente de sus borracheras.

Dicen que nuestro cerebro bloquea los recuerdos negativos, pero a mí solo me quedan las memorias más duras de mi padre. La que tengo más grabada es la vez que golpeó tan fuerte a mi madre que ella perdió los dientes delanteros. Le salía de la boca un chorro enorme de sangre. No sé dónde estaban mis hermanos en aquel momento, solamente recuerdo que mi madre y yo salimos corriendo, bajamos las escaleras hacia la calle y nos escondimos en un pasaje que quedaba detrás de la casa. Las dos solas, de noche. A mi madre tuvieron que reconstruirle todos los dientes superiores después de ese episodio.

Este contexto familiar propició que me viera obligada a hacerme cargo muchas veces de mis dos hermanos pequeños a una edad muy temprana. Y en más de una ocasión, no me quedó otra que interponerme entre mi padre y mi madre, porque a mí no me pegaba. Vivir este tipo de violencias en mi propia casa supuso cargar desde muy joven con una responsabilidad demasiado grande. Una responsabilidad que no le deseo a nadie. Recuerdo que, con quince años, cuando tenía ganas de llorar me metía en un armario, porque percibía que llorar no era correcto. En mi casa no había ninguna persona que pudiese sostener mi angustia. Yo no tuve a nadie que me dijera que era normal que me sintiera así, tan frustrada e impotente, que lo que estaba viviendo era una locura.

Lo peor es que se separaban, pero, pese a ello, mi madre lo acababa perdonando, mi padre regresaba a casa, volvíamos a vivir otro episodio de violencia y entonces, empezábamos con todo el proceso de nuevo. Nuestra vida se convirtió en un círculo vicioso. Y yo no podía entender por qué mi madre lo perdonaba una y otra vez.

Al final, la situación llegó a ser tan peligrosa que mi abuelo intervino y puso seguridad privada en casa. Mi madre decidió retirar esa seguridad cuando perdonó por enésima vez a mi padre y eso, como es lógico, a mi abuelo no le sentó nada bien.

Así son la mayor parte de los recuerdos que tengo de mi padre: abusos, noches de desasosiego, el miedo a molestarle, los días enteros que se pasaba durmiendo en la cama, los abandonos... Y todas las veces que me sentí arrastrada por mi madre a buscarle, a perseguirle, a espiar qué hacía y con quién estaba. Porque durante ese periodo de su relación, mi madre nos usaba a mí y a mis hermanos como moneda de cambio.

El último recuerdo bonito en familia que tengo fue la celebración de mis quince años. Él estuvo en la fiesta. Al menos, estuvo. Cuando fui a comprarme mi primer coche, también vino a revisarlo y a darme su visto bueno. Pero poco después, cuando yo debía de tener unos dieciséis años, mis padres se separaron de forma definitiva y él se fue a vivir a otro pueblo. Y fuimos perdiendo el contacto. En ocasiones coincidíamos en Nagua. Normalmente, porque él aparecía de repente, sin avisar.

Cuando más tarde me mudé a Madrid, mi padre me llamaba de vez en cuando, borracho, y me decía cualquier cosa que se le pasara por la cabeza. Ni siquiera me preguntaba cómo me encontraba o cómo me iba por España. Él estaba ahí, pero no estaba. Solo me aportaba preocupaciones, así que simplemente decidí distanciarme.

Falleció cuando yo tenía treinta y seis años. Me enteré porque mi madre me lo dijo con un mensaje de Whats-

App. Ella tampoco sabía que él estaba tan enfermo. Fue una sorpresa para todos. Mi madre pudo visitar su sepultura, pero ni yo ni mis hermanos fuimos. En ese momento, pensé que con él desaparecía la posibilidad de sanar la herida que me dejó su ausencia. Aunque más adelante descubrí que se puede sanar a papá incluso cuando él ya no está. Sé dónde se encuentra enterrado, pero de momento no he ido. ¿Iré alguna vez? Lo ignoro.

A veces me pregunto si mi madre seguirá pensando en él. Ahora que me he separado, puedo entender la decepción y el dolor que pudo haber sufrido cuando el hombre del que se enamoró se convirtió en otro totalmente distinto en cuanto entró el alcohol en su vida. Algo que, por lo visto, aprendió de su padre, que también fue un hombre alcohólico y maltratador. Como dicen, la manzana no cae muy lejos del árbol.

Todo ese caos y esas malas experiencias me hicieron creer que fuera de casa hallaría lo contrario a lo que estaba viviendo. Un lugar mejor, más libre, más seguro. Por eso, desde mi adolescencia hice todo lo que pude para salir de casa y propiciarme un futuro lejos del lugar en el que más dolor había sentido.

Gracias a la terapia, entendí que la ausencia de mi padre y las exigencias de mi madre me llevaron durante mucho tiempo a buscar una validación constante en otras personas. Mi padre dejó un hueco que yo llenaba con parejas, pero también con la necesidad de ir alcanzando metas sin descanso. Y por eso, mi vida ha sido siempre un no parar.

Mi *checklist* de lecciones aprendidas:

☑ La vida no siempre es tan mágica como nos hacen creer los cuentos infantiles.

☑ Echar la vista atrás y conectar con nuestros recuerdos nos puede ayudar a entender quiénes somos ahora y quiénes queremos ser.

☑ Ni poniendo un océano de por medio podemos huir de nuestra historia (ni de la de nuestros padres). Lo que vivimos en nuestros primeros años condiciona para siempre nuestra manera de relacionarnos con el mundo y con los demás.

3

En modo supervivencia

He disfrutado mucho de mi vida, eso es así: viajes, conciertos, vacaciones, barbacoas con amigos, experiencias inolvidables…, pero eso no quita que en mi cabeza siempre haya un Excel de cosas por hacer. No recuerdo un momento de mi vida en el que no haya tenido algo en marcha. Incluso de pequeña, estando en Nagua con mis abuelos, solía ingeniármelas para organizar todo tipo de juegos y aventuras con mis primitos y con los niños del barrio. La lista de objetivos a alcanzar y la necesidad de ir tachando puntos sin parar me ha acompañado desde muy joven.

En psicología, a este no parar se le llama «modo supervivencia». Y yo he estado completamente inmersa en él desde los quince años. Entendía que para sentirme segura tenía que conseguir cosas nuevas todo el rato. El modo supervivencia es en cierta medida lo que me ha salvado en los momentos difíciles, pero, a la vez, ha provocado que nunca haya podido estar tranquila con quién soy en cada momento de mi vida.

Cualquier cosa, por insignificante que pueda parecer, era una tarea sobre la que necesitaba ejercer el control.

Por ejemplo, recuerdo tener un Excel en el que registraba todas las series que me apetecía ver con sus respectivos capítulos y me apuntaba los capítulos que ya había visto y los que me faltaban por ver. Más adelante, cuando me mudé a Madrid, también disponía de un listado completo de mis gastos mensuales y en él anotaba hasta si un día me había comprado una botella de agua. Esa era mi forma de sentirme segura, de considerar que tenía la situación bajo control: convertir cada pequeño detalle de mi vida en una tarea a completar.

Hasta ahora, siempre he tenido una meta que conseguir para llenar el vacío y la inseguridad que me generó el no haber contado de más joven con una persona que me recogiera y me diera la imagen de tranquilidad y protección que proporciona un padre en la infancia. Por eso, uno de mis mayores esfuerzos es que a mis hijas no les falte esa figura. Porque por más que haya intentado ser fuerte y haya ido consiguiendo las cosas por mí misma, en mi interior siempre permaneció el deseo de poder ser más niña, de no sentir el peso de la responsabilidad que cayó sobre mí desde tan joven.

Como podrás intuir después de conocer un poco más sobre mi vida en República Dominicana, en mi casa yo no me sentía libre. Durante toda mi adolescencia, viví en una guerra constante con mi madre, incluso cuando ya tuve la mayoría de edad. De una forma u otra, me vi atrapada por sus críticas y los «tienes que» que me iba marcando mi familia. Uno de los mensajes que más me repetían mi madre y mis abuelos es que a mí nadie me iba a regalar nada en la vida, así que desde pequeñita siempre me esforcé en cumplir con mis obligaciones lo mejor que podía. Y si lo hacía bien, si sacaba buenas notas, mi abuelita me daba dinero o me hacían un regalo. Al final, la validación de mis logros solía venir de fuera y yo me sentía satisfecha porque los demás veían que yo lo había hecho bien, pero no porque realmente me sintiese orgullosa de mí misma. La forma en la que me criaron me hizo pensar que yo no valía si no conseguía mis objetivos, y eso es muchísima presión. Por eso, cuando llegué a la adolescencia, no es que buscara escaparme, pero sentía que necesitaba espacio para ser yo misma, aunque todavía no supiese muy bien qué significaba eso. Lo que sabía seguro es que debía salir de aquella pecera, en la que no paraba de sentirme obligada a demostrar todo el rato lo que valía.

Siempre fui muy trabajadora e incluso un poco emprendedora. En Nagua vendía limonada, y en el cole, mis apuntes. Nunca esperé nada de nadie y pronto supe que, si quería algo, tendría que obtenerlo por mí misma. Por eso, me puse a trabajar con quince años. Empecé en una tienda de un centro comercial. Me pasaba todos los fines de semana trabajando para ahorrar y alcanzar el primer objetivo de mi lista: un coche. Porque en República Dominicana se puede conducir a partir de los dieciséis años. Era eso o ir en transporte público y, creedme, el transporte público allí es de lo más particular.

Y con trabajo duro y constante, lo conseguí. Mi primer coche fue un Daewoo de segunda mano. Daewoo también hace lavadoras, y por eso, mi coche era conocido por todos como la Lavadora, pero para mí fue un gran orgullo poder comprármelo siendo tan joven. Gracias a la Lavadora, tuve muchísima más independencia, aunque eso sí: mi madre seguía estando completamente encima de mí. Si había dicho que llegaría a casa a las doce, no podía tardar ni un minuto más. Ella no se iba a dormir hasta que yo no entraba por la puerta.

Más adelante, estuve trabajando en el primer Mango de República Dominicana. Recuerdo estar muy orgullosa de mí misma, porque atendía la caja y tenía que abrirla y cerrarla. Y para mí, con dieciséis años, eso suponía lo más importante que me había pasado. Era muy joven, pero tenía algunas cosas bastante claras. Por ejemplo, que no quería estudiar en la universidad pública de Santo Domingo. Porque, aparte de la distancia desde mi casa hasta el campus, se producían protestas constantes por carencias del sistema público de educación o por conflictos políticos menores, que provocaban altercados, atentaban contra la seguridad de los estudiantes, estuviesen involucrados o no, y también retrasaban las clases y ralentizaban el ritmo en el que podías acabar la carrera. Y así llegó mi segundo objetivo: estudiar en una universidad privada. Con mucho esfuerzo, obtuve una beca para cursar ADE en el Instituto Tecnológico de Santo Domingo, más conocido como INTEC, algo que toda mi familia celebró muchísimo.

Recuerdo esos años con bastante cariño. Tenía la Lavadora, con la que iba a donde quería y hacía de taxista de mis primas y de las personas que me rodeaban, y contaba con buenos amigos, un grupo de chicos y chicas a los que conocí en la universidad. Además de estudiar, por aquellas conseguí un empleo como encargada de marketing en una empresa de tecnología. Así que pasaba todo el día fuera de casa: trabajaba de ocho de la mañana a cinco de la tarde y luego, iba a la facultad. INTEC era una universidad muy exigente y yo necesitaba mantener mi beca, así que estudiaba mucho. Pero, a decir verdad, lo del estudio a veces fue una excusa estupenda para hacer muchas otras cosas, como ir a la playa, pasar el día en casa de una o comer en la casa del otro.

Me sentía mayor, más adulta, porque tenía la independencia suficiente como para poder disfrutar de estas experiencias, pero con las limitaciones de mi madre, que vigilaba desde el balcón para asegurarse de que llegaba a casa a las doce en punto. No me preguntéis por qué, pero en Latinoamérica los buscapersonas no solo los usaban médicos y abogados, sino también todos los jóvenes de mi edad, solo que yo cada dos por tres recibía mensajes de mi madre tipo: «¡Angie Massiel! ¿¡Dónde estás!?». Sí, mi segundo nombre es Massiel. Creo que es algo que nunca había dicho públicamente hasta ahora.

Me acuerdo de que una vez habíamos organizado una escapada con mi grupo de amigos por Semana Santa. El mismo día que mis amigos venían a recogerme, mi madre cerró la verja de hierro que rodeaba mi casa —una protección que mi abuelo había puesto por el tema de mi padre— y se quedó con las llaves. Así que cuando mis amigos llegaron a mi casa para recogerme y yo quise salir, no pude. Y ahí ya tenía veinte años. Mis amigos ahí abajo y yo desde la ventana de casa, diciéndoles con el corazón roto que se fueran sin mí, cual Rapunzel dominicana.

Ahora lo veo con perspectiva y, aunque en aquel momento me frustraba, entiendo un poco mejor por qué mi madre hacía ese tipo de cosas. Ella se había quedado embarazada con veintiún años, probablemente sin planearlo, e intentaba protegerme de todas las formas posibles para que a mí no me ocurriese lo mismo. Los métodos quizá sean cuestionables, pero el fin era que respetase mi cuerpo y lo protegiera de situaciones que complicarían mi futuro; por ese motivo, en cierta medida, ahora se lo agradezco.

Así fueron pasando mis años formativos, la primera parte de mi juventud. Nada más terminar mi licenciatura, empecé a mirar opciones para hacer un máster en el extranjero. A través de un internet prehistórico, comencé a conectar con personas de distintos lugares, entre ellos de España, que me explicaban cómo era vivir en sus países. Y un día, mientras pensaba en todo esto, vi un anuncio en el periódico local que anunciaba becas para estudiar en el Centro de Estudios Financieros (CEF) en Madrid. Lo sentí como una señal. Y sin consultar ni pedir ayuda a nadie, me presenté a la convocatoria. Así fue como conseguí mi segunda beca. Supuso, a su vez, la forma que encontré para salir de casa sin que mi familia dejara de sentirse orgullosa de mí. Y no me equivoqué, porque se convirtió en la noticia más importante de la familia durante meses.

Vendí el coche y con ese dinero y el que ya tenía ahorrado, me fui a Madrid. Llegué a la casa de una amiga de una amiga de no sé quién, una chica dominicana. La casa estaba en medio de la nada y enseguida decidí mudarme a otra parte. Otro objetivo más. Encontré una habitación para mí cerca del centro donde estudiaba el máster, fui haciendo más relación con mis compañeros de clase y, poco a poco, me fui adaptando a la rutina madrileña. La vida en Madrid era muy divertida. Salía todos los días de la semana a tomar algo con mis compañeros de trabajo o con los compañeros del máster. Madrid es una ciudad muy dinámica. Un lugar con unos edificios preciosos, en el que siempre pasan cosas que te invitan a estar en la calle. Yo nunca antes había visto algo igual. Lo más curioso es que en todo el tiempo que viví en la capital, siempre compartí piso con personas gallegas y no tengo más que buenas palabras para ellas. Era habitual que volvieran de Galicia cargadas de huevos, patatas, filloas... Por aquella época, estaba más gordita y también muy ilusionada con todas las novedades que me rodeaban. Durante ese periodo no tuve pareja, porque no surgió. Pero sí hice algunos de los mejores amigos que he tenido. Uno de ellos hubiese sido un buen candidato como pareja, pero la Angie de ese momento no era capaz de verlo, porque buscaba un ideal de novio perfecto que realmente solo existía en mi cabeza.

Al final, ese ideal partía de todas las opiniones y los arquetipos que yo había ido escuchando e interiorizando en República Dominicana. Por eso, para mí el hombre ideal era, de forma completamente inconsciente, un hombre europeo, guapo, alto y capaz de protegerme siempre ante cualquier adversidad. Escribiendo esto me viene a la cabeza que en República Dominicana es muy común que la gente use la expresión «arreglar la raza» para hablar de casarse con personas muy guapas y, en la mayor parte de los casos, extranjeras. En fin, que eso debía de ser lo que tenía la Angie de aquel momento en la cabeza cuando se imaginaba a su pareja.

Vivir lejos de casa y a mi aire fue una experiencia increíble. Por primera vez, me sentía completamente libre. Nadie me conocía, nadie controlaba mis movimientos y, además, desde Madrid podía viajar a cualquier parte del mundo que quisiera a un precio muy bajo, sin depender de nadie más que de mí misma. Cogía mi mochila y me iba a Roma, a París o a donde quisiera. Y por ese motivo, no albergué ninguna duda de que tenía que quedarme. Al cabo de unos pocos meses, ya había decidido que no volvería a República Dominicana y marqué mi siguiente objetivo: obtener los papeles para poder vivir en España de forma permanente.

Para mantener la residencia en España, tuve que pagar dos másteres adicionales, que se dice pronto. Al menos, como con cada máster iba haciendo prácticas laborales remuneradas, pude ir ahorrando dinero para cubrir todos mis gastos. En una de las empresas en las que empecé, estuve en prácticas durante tres años, porque fui enlazando convenios universitarios con las diferentes sociedades que tenían los dueños de la empresa. El acuerdo con ellos siempre había sido que me ayudarían con los papeles de la residencia por trabajo por cuenta ajena, pero hicieron mal el proceso y me los denegaron. Yo ya llevaba casi cinco años en España y, después de tanto tiempo, esa noticia fue un golpe muy duro. Aunque la historia con esta empresa no acaba aquí.

Se trataba de una agencia de marketing familiar, dirigida por un matrimonio. Yo entré gracias al marido, que fue uno de mis profesores de máster. Cuando acabé su asignatura, me ofreció trabajar para ellos y fue entonces cuando pasó a ser mi jefe. Se portaba muy bien conmigo, pues me ayudaba en todo lo que necesitaba. Él y su mujer se convirtieron, más que en mis jefes, en unos padres adoptivos. Cuando mi madre vino a visitarme, mi jefe y su mujer nos llevaron a pasear, nos invitaron a comer e hicieron que mi madre se sintiera bienvenida.

En aquel momento, hablamos del año 2009, yo tenía un blog online en el que iba escribiendo acerca de mis experiencias. Se llamaba *Si la luna hablara*. Lo creé con la única intención de unirme al boom de los blogs, porque si todo el mundo tenía uno, pues yo también. Pero ahora que lo veo con perspectiva, me doy cuenta de que ese fue el inicio de mi relación con las redes. Cada semana, escribía en él mis reflexiones personales, sin más pretensiones. Y todo iba bien, hasta que de repente apareció un usuario anónimo que comenzó a dejarme unos mensajes muy inquietantes, mencionando detalles de mi vida que solo podían conocer personas muy cercanas a mí.

El anónimo sabía cosas bastante privadas, como a dónde viajaba en cada momento (sin que yo mencionara nada de eso en el blog) y con quién lo hacía, y yo no tenía ni idea de quién se trataba. La situación empezó a ser especialmente preocupante cuando además de mensajes, empezaron a llegarme flores a la oficina con dedicatorias sin firma, haciendo referencia a cosas que yo había escrito en el blog. Pero como no podía hacer nada, yo intentaba seguir trabajando y viviendo con toda la normalidad que podía.

Una vez, la agencia en la que estaba se encargó de la organización de un evento. Y como terminamos de trabajar muy tarde, mi jefe, como en tantas otras ocasiones, se prestó a llevarme a casa y decidió acompañarme hasta el ascensor. A partir de ahí, recuerdo pocos detalles, pero lo que no voy a poder olvidar nunca es el momento en el que la cara de mi jefe llegó a estar a un milímetro de la mía, dentro del ascensor de la finca donde vivía. No tengo ni idea de cómo salí de esa situación, solo sé que de algún modo conseguí quitármelo de encima y subir a mi casa sana y salva.

Fue entonces, por un impulso incomprensible, llamémosle intuición femenina, cuando me fijé en que el anónimo del blog no dejaba espacios entre algunas palabras y signos de puntuación en sus comentarios. Algo que tampoco hacía mi jefe en sus mails de trabajo. Al principio no podía creerlo, pero todo apuntaba a que el anónimo era él. Así que un día, cuando mi jefe ya no estaba en la oficina, subí corriendo a su despacho, abrí su ordenador, entré en su navegador y vi que entre sus últimas páginas consultadas figuraba mi blog. Y ahí lo entendí todo. Imaginaos el momento.

De repente, me vi sin papeles y viviendo una situación de acoso, así que no me quedó otra que dimitir. Lo único que le dije a mi jefe es que me iba y que él sabía perfectamente el porqué. Lo siguiente que supe es que me habían denunciado por llevarme información confidencial de la empresa. Ellos me denunciaron a mí. Tuve que buscar un abogado de oficio y presentarme yo sola en el juzgado. Por suerte, el juez consideró el caso como improcedente. Después del susto y con la lista de cosas por hacer que tenía encima, decidí no denunciarlo y ahí se quedó la cosa. De hecho, esta es la primera vez que hablo de toda aquella experiencia abiertamente.

A veces, mientras atravesaba estos momentos tan difíciles para mí, llamaba a mi madre entre lágrimas y le decía que quería regresar. Pero ella siempre me contestaba: «No, para acá no vengas, aquí no tienes nada que hacer». Y fin. Ese es el tipo de conversaciones que mantengo con mi madre todavía a día de hoy. Aunque ahora sí que estoy de acuerdo con ella.

Por mucho que la mujer quisiera disuadirme, pensé que dadas las circunstancias no me quedaría más opción que volver a República Dominicana. Aun así, decidí seguir intentándolo. Busqué un trabajo nuevo. A través de una web de ofertas de trabajo, encontré otra agencia de marketing que buscaba un perfil como el mío. Conseguí una entrevista con ellos y les expliqué que además del trabajo, necesitaba que me gestionaran los papeles para así finalmente poder pasar de tener una residencia por estudio a una residencia por trabajo y, a partir de ahí, optar a la nacionalidad española. Ellos aceptaron. Era una empresa más grande y más seria, aunque muy familiar también.

Desde mi llegada a Madrid, había vivido cinco años de papeleo tras papeleo. Y me cansé. Me cansé tanto que un día una compañera del trabajo comentó que en Australia pagaban veinticinco dólares la hora por recoger manzanas y pensé: «Pues me voy a Australia». Creo que ese fue el momento en el que empecé a quitarme todo ese peso del «tienes que» que me había impulsado a permanecer desde los quince años trabajando y tachando puntos de la lista sin parar. Por una vez, me animé a hacer algo por mí, simplemente porque me apetecía. La decisión estaba tomada y yo, de repente, me sentía más ligera.

Vendí casi todo lo que poseía en Madrid. Solo me quedé con unas pocas cajas y me monté en un avión. Así, sin más. Cuando llegué a Brisbane di un suspiro, porque era la primera vez que realmente podía hacer lo que quisiera, sin tener una obligación en concreto ni ninguna presión externa. Eso sí: la Angie planificadora preparó un Excel en el que tenía organizado el primer mes de viaje entero. Pero más allá de eso, en Australia estaba todo por hacer. Para poder vivir allí, iba practicando intercambios de trabajo por alojamiento. Estuve viviendo una temporada en un hostal en el que limpiaba habitaciones para, a cambio, poder hospedarme gratis.

Antes de llegar, no sabía mucho de Australia, más allá de que era la tierra de los canguros. Y una vez allí, empecé a descubrir todo lo necesario para desenvolverme en el país. Había un bus que se llamaba Greyhound, con el que tenías la posibilidad de ir recorriendo toda la isla de norte a sur, subiendo y bajando en el pueblo que decidieras. Gracias a ese bus, pude ver muchísimas cosas. Hablaba con otros viajeros, escuchaba sus recomendaciones e iba parando en los distintos pueblecitos y lugares que me señalaban. En ese viaje descubrí también la plataforma de alojamientos Couchsurfing. Y entre eso y los intercambios, fui visitando y viviendo en todas las partes que pude.

No tenía ninguna expectativa en concreto de lo que me iba a encontrar, ni tampoco una lista de obligaciones o pasos a cumplir. Si me quería quedar diez días en Surfers Paradise, podía quedarme. Lo único que necesitaba era garantizarme un techo bajo el que dormir y poco más. Entre los cibercafés y los amigos que fui haciendo por el camino, mi viaje iba tomando forma con mucha menos planificación de la que nunca podría haberme imaginado. Normalmente, la gente que iba conociendo en los hostales era la mayor fuente de información. Así, por ejemplo, supe que buscaban personas para trabajar como azafata en un barco, a cambio de alojarte en él. Y, una vez más, lo hice sin pensarlo. Pasé unos momentos increíbles: dormía en el barco, en medio del mar, con vistas a Whitehaven Beach. Si no conocéis este lugar, os recomiendo que lo busquéis en Google. El agua era completamente turquesa, la arena superblanca, había animales preciosos por todas partes y el cielo… Nunca he visto un cielo tan lleno de estrellas.

Y ni hablar de la cantidad de australianos altos y rubios que había por todas partes, que iban descalzos, literalmente descalzos. Allí la gente parecía relajada y el escenario se presentaba muy distinto al ambiente en el que yo me había criado en República Dominicana, donde todo es tan rígido. Experimentar semejante libertad dentro de una estructura tan desarrollada como la australiana fue una sorpresa muy agradable para mí.

Durante los meses que viví en Australia, no había Excel que valiera. Simplemente, me dejé llevar, que ya era hora. Allí también conocí a un chico muy seguro de sí mismo y muy bueno, pero como no cumplía con el patrón de lo que la Angie de entonces esperaba de una pareja, no llegó a significar nada serio.

No creo que mi madre consiguiera nunca entender del todo lo que yo estaba experimentando. Nadie de mi familia lo hizo. De hecho, me dolió mucho saber que personas de mi propia familia a las que yo quería y admiraba habían empezado a decir que había conocido a un hombre muy rico y que, gracias a ello, estaba realizando todos esos viajes. Y mientras tanto, yo limpiando los retretes de un hostal, ¡qué irónico! No lograba entender por qué personas tan cercanas a mí podían estar afirmando esas cosas sin ni siquiera preguntarme antes. Esto provocó que cortara la relación con algunos miembros de mi familia.

En Australia me sentí tan bien, tan conectada con el país, que pensé que me quería quedar. Resultaba todo tan idílico, tan seguro, la gente era tan cálida… Pero claro, yo ya había empezado el proceso de nacionalización en España y no podía estar fuera del país más de seis meses, porque si no, perdía lo que había conseguido hasta el momento. De nuevo, vuelta al «tengo que». Aunque la verdad es que en Australia el proceso hubiese sido mucho peor. Por eso, al poner los pros y los contras en una balanza y con toda la pena de mi corazón, a los seis meses regresé a España, con nueve euros en la cuenta del banco, pero con la certeza de que la vida se podía vivir de otra forma. Aunque esa forma solo hubiese durado unos meses.

Me volvieron a aceptar en la empresa en la que estaba justo antes de irme, pero esta vez, me dieron un puesto en Barcelona, así que cogí mis cajas y mi mochila y me mudé a la Ciudad Condal. Ahí fue donde conocí al Danés. Aunque para llegar a ese punto, primero tengo que contaros mi romance de telenovela.

Mi *checklist* de lecciones aprendidas:

☑ La vida no siempre es tan mágica como nos hacen creer los cuentos infantiles.

☑ Echar la vista atrás y conectar con nuestros recuerdos nos puede ayudar a entender quiénes somos ahora y quiénes queremos ser.

☑ Ni poniendo un océano de por medio podemos huir de nuestra historia (ni de la de nuestros padres). Lo que vivimos en nuestros primeros años condiciona para siempre nuestra manera de relacionarnos con el mundo y con los demás.

☑ No hay nada comparable a la sensación de estar luchando por lo que quieres y ser completamente libre.

☑ Las experiencias que vivimos son más divertidas y enriquecedoras cuando te sientes acompañada y rodeada de buenas personas.

4

Una historia de amor de película

La historia de amor más romántica que he vivido no empieza con mi exmarido. Mi historia de amor de película comienza poco después de haberme trasladado a Barcelona, en el año 2012. Yo viajaba sola bastante a menudo. Desde mi primera aventura transoceánica tras mudarme a Europa, le había cogido el gustito. Cada verano me iba unos días a Ibiza, porque había hecho una amiga dominicana allí y me gustaba ir a visitarla. Y en una de esas visitas, fuimos a desayunar juntas a una cafetería, y para inmortalizar el momento, le pedimos a un chico que estaba sentado en la mesa de al lado si nos podía hacer una foto, que, por cierto, aún conservo.

Él estaba desayunando solo y después de sacarnos la foto, se puso a hablar con nosotras. Se llamaba Richard y nos cayó tan bien que mis amigas y yo decidimos juntarnos con él para ir a la playa. Sin darnos cuenta, pasamos un fin de semana entero con un chico a quien conocimos por una foto. Fueron un par de días muy divertidos.

Durante todo el fin de semana, yo pensé que a Richard le gustaba una de mis amigas, pero en un momento dado me preguntó dónde vivía. Le comenté que me acababa de mudar a Barcelona. Él me explicó que era piloto de helicóptero en África, que trabajaba dos semanas y libraba otras dos y que en sus semanas libres le gustaba viajar, así que seguro que en algún momento volveríamos a coincidir en Barcelona. Nunca imaginé que fuera a ser verdad, pero lo fue.

Poco tiempo después, Richard vino a Barcelona a verme y a pasar unos días conmigo. Y surgieron todas las chispas habidas y por haber. Unos meses más tarde, yo tenía planificado un viaje de agencia a Tailandia. Y él se presentó en Tailandia y fue siguiendo la ruta que mi grupo y yo estábamos haciendo. Era lo más parecido a una telenovela turca que he vivido nunca. Todo muy romántico. Todo maravilloso. Muy de película. Solo que, en vez de durar dos horas, duró dos años.

Seguimos viajando, comenzamos a vivir juntos (él pasaba sus dos semanas de descanso en el piso que compartíamos en Barcelona), fuimos a República Dominicana, conoció a mi familia y llegó a pedirle mi mano a mi abuelo. Él era muy caballeroso, espléndido y yo estaba muy enamorada. Pero poco a poco vi que eso de separarnos cada dos semanas no acababa de funcionar. Me ponía muy nerviosa cuando se iba a África, porque ignoraba qué podía estar haciendo mientras no estaba a mi lado. Sentía que Richard no era completamente abierto conmigo, que había cosas que no me contaba, que no lo sabía todo de él. Y por desgracia, al final no me equivocaba.

Una de las tantas veces que se fue a África y yo me quedé sola en Barcelona, me di cuenta de que se había dejado su móvil antiguo —pues se lo había cambiado por uno más nuevo— a mi vista. Ni corta ni perezosa, lo cogí y leí sus conversaciones. Y así descubrí que Richard seguía tonteando con otras chicas por teléfono mientras estaba conmigo. Tenía un montón de conversaciones con chicas desconocidas —al menos para mí— en las que hablaban de quedar, justo a las horas en que yo me encontraba fuera de casa trabajando.

Cuando le pedí explicaciones, me aseguró que no había llegado a citarse con ninguna de esas chicas, que solo conversaba con ellas porque se aburría cuando yo estaba trabajando. Pero entonces, los días sin mí en África, ¿también se aburriría? ¿Cómo podía fiarme de él después de eso? Nunca pude enterarme de si realmente había habido algo más que conversaciones o no, pero ese descubrimiento me hizo sentir tan desprotegida que al instante supe que tenía que romper con él. Porque una relación no puede basarse solo en regalos y declaraciones románticas, también requiere confianza. Me dolió mucho tomar esa decisión, puesto que yo ya había dibujado en mi cabeza un futuro junto a Richard, pero después de todo lo que había vivido con mi padre, sentí demasiado miedo como para seguir.

Así que rompí con Richard. Y la verdad, fue muy fácil, porque se marchó de casa con sus cosas y yo perdí por completo el contacto con él. En comparación con el divorcio que vendría después, esta ruptura fue un paseo. Pero yo sola no podía costearme el piso que habíamos estado compartiendo hasta ese momento, así que hablé con la casera, le expliqué la situación y la imposibilidad de hacer frente al alquiler. Por suerte, me dijo que no había ningún problema, solo me pidió que la ayudara con las visitas de los nuevos inquilinos y yo acepté encantada. Y ahí hubiera acabado la película, de no ser por un giro de guion inesperado.

Mi casera me llamó un día y me comentó que un chico danés quería ver el piso y que la única pega era que no hablaba nada de español. Yo le respondí que no se preocupara, porque yo podía conversar con él en inglés sin problemas. Y en el día y hora pactados, alguien toca al timbre y abro la puerta a Torben. En chanclas, vestida de cualquier manera y con un moño. No tenía ningún tipo de interés en conocer a ningún hombre en ese momento. Apenas habían pasado unas cuantas semanas desde mi ruptura con Richard y todavía estaba demasiado dolida. Por lo visto, él no opinaba igual, porque más tarde me confesó que desde que me vio supo que quería casarse conmigo. Yo ni me enteré.

Saludé a Torben, me presenté y le enseñé los cuarenta y dos metros cuadrados de piso en los que vivía. Y ya está. Cuarenta y dos metros cuadrados se enseñan muy rápido. Le dije que si estaba interesado solo tenía que hablar con la casera. Pensaba que con eso bastaría para que se marchara, pero no fue así. Se quedó un buen rato dentro, haciéndome todo tipo de preguntas sobre el piso. No había forma de echarlo. Al final tuve que decirle que había quedado y que ya me tenía que ir. Le comenté que le pasaría la lista de muebles y menaje del piso que eran míos y que le podía vender los que quisiera, y salimos juntos del piso. Nos despedimos, di la vuelta a la manzana y volví a entrar en casa. Al final, se quedó con el piso, con mis muebles y también con mi dirección de correo electrónico.

Nos escribíamos mails el día entero y, además, éramos vecinos, ya que yo me mudé a tan solo un par de números de mi antigua casa. Empezamos a pasar mucho tiempo juntos, porque venía a todos los eventos para expatriados que yo organizaba. Para conocer a gente nueva en Barcelona, me hice embajadora de una plataforma que conectaba a personas que llegaban a la ciudad desde todos los países del mundo. Yo me encargaba de organizar actividades de todo tipo: cenas, cócteles, catas de vinos y hasta fiestas en barcos. Al final, para mí se convirtió en un trabajo más, ya que hacía acuerdos con los restaurantes, bares y servicios que contratábamos para obtener una comisión por llevarles grupos grandes. Y de paso, así pude conocer a mucha gente, aunque crear conexiones reales y duraderas ya era un poco más complicado. Pero con Torben, sí que conseguí crear esa conexión.

Mail a mail y evento a evento, nos fuimos convirtiendo en muy buenos amigos. Llegamos incluso a hacer un viaje a Praga juntos, sin que yo me imaginara nada romántico con él, porque, aunque más adelante él me confesó que en ese momento ya estaba muy enamorado, él nunca forzó nada.

Hacía más o menos cuatro meses que nos conocíamos, cuando un día me dijo que tenía muchas ganas de probar un restaurante con estrella Michelin y que le gustaría ir conmigo. Le dije que sí, como si se tratara de cualquier otro plan. La cena fue muy bien, pero de todos los platos del menú degustación que nos sirvieron, hay uno en concreto que nunca olvidaré: las ostras. Yo me comí las mías sin problema, pero Torben se las tragó por compromiso y puso una cara de asco que todavía hoy recuerdo a la perfección. Y aun así, quiso convencerme de que le habían gustado mucho. Estaba claro que se las había comido por mí. Fue entonces cuando me di cuenta de que eso era algo más que una reunión de amigos: era nuestra primera cita.

Después de la cena me acompañó a casa y yo me despedí como si no hubiese pasado nada. Nos dimos un abrazo y entré. Más tarde me escribió y me dijo que se había quedado con ganas de darme un beso. Pero yo, aunque le agradecía el gesto que había tenido conmigo, todavía no era capaz de verlo como algo más que un amigo. Y así continuamos, con nuestra amistad, porque él siguió a mi lado, sin reproches ni insistencias. A Torben no le importaba que fuésemos solo amigos, mientras eso le permitiese estar junto a mí.

Meses más tarde, en una de nuestras tantas salidas a los eventos de expatriados, él me dio un abrazo. Seguramente ese abrazo no fue muy diferente a los muchos que nos habíamos dado a lo largo del tiempo, pero fue ahí cuando lo percibí. «Ahora sí», pensé, porque me di cuenta de que aquella calidez que sentía en mi cuerpo no era porque Torben fuera un amigo, sino porque lo que quería tener con él iba más allá. Y poco a poco, fuimos a más. Unos días yo me quedaba en su casa (recordemos que era mi antigua casa), otros días él venía a la mía. Mi oficina estaba en Sant Cugat, fuera de Barcelona, y Torben me acompañaba cada mañana a la estación donde cogía el tren. Y en una de esas mañanas, me giré para despedirme y casi sin darme cuenta, le dije «I love you». Y ya no hubo vuelta atrás. De repente, éramos novios.

En ese momento, Torben me salvó. Me dio la confianza, la atención y la seguridad que yo necesitaba encontrar en una pareja. Se comportaba de manera muy detallista conmigo, me cuidaba mucho. Y no lo hacía para demostrar todo lo que tenía, como le pasaba a Richard, sino que lo hacía porque me escuchaba, porque se preocupaba por que estuviese bien. Era una relación sana, fácil, en la que disfrutábamos mucho el uno del otro. Dicen que el amor no toca a tu puerta, pero en mi caso, literalmente lo hizo. Y de una historia de amor que falló salió otra completamente distinta, pero igualmente bella a su manera.

Me mudé de nuevo al pequeño piso de cuarenta y dos metros cuadrados. Volví a usar mis cosas, pese a habérselas vendido a Torben meses atrás. Él siempre me decía entre risas que yo era la mejor negociadora que había conocido. Poco tiempo más tarde decidimos buscar un nuevo lugar para trasladarnos juntos, porque se me hacía raro vivir en el mismo sitio que antes había compartido con Richard. Nos mudamos a tres calles. No nos fuimos muy lejos. Pero lo importante es que empezamos a construir nuestra vida en común. Una vida que funcionó perfectamente durante tres años. Torben y yo viajamos, disfrutamos, reímos, hablamos, visitamos a mi familia en República Dominicana, a la suya en Dinamarca. Y entonces, llegó el viaje a Singapur.

Nos hospedamos en el hotel Marina Bay Sands, uno de los edificios más icónicos de la ciudad. Fue un viaje espectacular, en el que íbamos todo el rato con la boca abierta. Y desde que pusimos un pie en el hotel, Torben estuvo nervioso. Muy nervioso. No paraba de acudir al baño. Yo no tenía ni idea de qué le podía estar pasando. Hasta que de repente, lo hizo: me propuso matrimonio. Me compró el anillo con el que soñaba y me lo pidió tal como yo me había imaginado, porque habíamos hablado más de una vez de ello. Yo estaba muy a favor de casarme, más por la idea que por otra cosa. En mi cabeza permanecía muy arraigado ese concepto tradicional con el que se nos educa a las latinas de cómo formar una familia, de que te tienes que casar y de que todo debe ser muy significativo. No sé si acerté a decirle que sí, porque me puse a llorar al instante y lo primero en lo que pensé fue en llamar a mi madre para contárselo.

Llegó el momento de organizar la boda. Yo tenía muy claro que quería que fuese en República Dominicana, en la playa, cerca de donde me crie, y a Torben le pareció bien. Pero la organización era casi imposible, porque las fechas en las que su familia podía viajar nunca coincidían con las de mi familia. Así que después de muchas idas y venidas, tuvimos que tomar la decisión salomónica de celebrar dos bodas, una en Dinamarca y otra en República Dominicana.

Para la boda en Dinamarca, aprovechamos que disponíamos de un par de entradas para un concierto de Beyoncé y la organizamos justo al día siguiente. Fue una boda civil, en el Ayuntamiento de Copenhague. Sencilla, pero muy emotiva. Eso sí: solo con su familia. Se me hizo raro no poder compartir el momento con nadie de mi entorno pero, aun así, fue bonito.

Entonces, llegó el momento de disponer la segunda boda. Ahí empezaron las dudas. Torben no acababa de entender por qué teníamos que celebrar otra ceremonia, si en realidad ya estábamos legalmente casados. Pero yo tenía el sueño de casarme en la playa de Nagua y a mi madre insistiendo para empezar a organizarla. Después de discutirlo varias veces, al final tomé una decisión: yo pagaría y me encargaría de toda la boda de República Dominicana y él tan solo tendría que aparecer allí. Hoy en día pienso que fue una mala decisión. Sin darme cuenta, empecé a absorber yo sola la responsabilidad absoluta de esa situación y de muchas otras de nuestras cosas de pareja, sin su ayuda. Y a la vez, le estaba dejando a él sin ningún poder de decisión. Me estaba echando más piedras en la mochila sin ni siquiera ser consciente de ello.

Ahora que puedo verlo con más perspectiva, creo que quizá habría sido más acertado ahorrarme todo ese dinero. Fue un paripé que tampoco pude acabar de disfrutar plenamente. Pero sea como fuere, la experiencia no nos la quita nadie. Torben no tuvo a ningún miembro de su familia con quien compartir ese momento pero, aun así, fue una boda muy bonita y resultó tal como yo la había soñado y tal como tenía que ser, según mi familia.

Mi abuela asistió a mi boda y eso a mí me hizo inmensamente feliz. Mi abuelo me llevó hasta el altar, tal como me había imaginado en mis mejores sueños. Acudieron todas mis amigas del cole y toda mi familia, menos mi padre. Me sentí como una princesa con mi vestido de novia —que fue de alquiler— y pese a que las previsiones del tiempo eran malísimas y que, a dos días de la boda, no se podía acceder al lugar donde se tenía que celebrar la ceremonia, al final pude disfrutar de la boda en la playa que yo deseaba. Lo único que me faltó fue comerme el pastel, que como ya os he dicho al principio de todo, ni siquiera probé porque no me dio tiempo entre tantos compromisos. Y quizá ese pequeño detalle, sin yo saberlo, era una premonición de lo que iba a ser mi vida a partir del sí quiero.

Mi *checklist* de lecciones aprendidas:

- ☑ La vida no siempre es tan mágica como nos hacen creer los cuentos infantiles.
- ☑ Echar la vista atrás y conectar con nuestros recuerdos nos puede ayudar a entender quiénes somos ahora y quiénes queremos ser.
- ☑ Ni poniendo un océano de por medio podemos huir de nuestra historia (ni de la de nuestros padres). Lo que vivimos en nuestros primeros años condiciona para siempre nuestra manera de relacionarnos con el mundo y con los demás.
- ☑ No hay nada comparable a la sensación de estar luchando por lo que quieres y ser completamente libre.
- ☑ Las experiencias que vivimos son más divertidas y enriquecedoras cuando te sientes acompañada y rodeada de buenas personas.
- ☑ La vida puede pasar de ser la mejor comedia romántica a un drama en cuestión de segundos, ¡cuidado con los príncipes encantadores!
- ☑ Hay oportunidades inimaginables esperándonos a la vuelta de la esquina, así que confía. No es mentira que cuando una puerta se cierra se abre una ventana.

5

El principio del fin

Después de casarnos, fuimos de viaje de novios a Sri Lanka y Maldivas. Y esa parte del mundo sería a partir de ese momento un lugar muy especial para nosotros. No solo por el entorno en sí, sino porque fue después de ese viaje cuando nos planteamos convertir nuestras redes sociales en un trabajo. Torben se dio cuenta de que había gente viajando gratis a cambio de compartir contenido sobre los hoteles y los destinos que visitaban. Y como a los dos nos gustaba tanto viajar y siempre que lo hacíamos, subíamos nuestras fotos a Instagram, decidimos intentarlo también. Él fue quien me dio la motivación necesaria para empezar a profesionalizar mis redes sociales —un espacio que me ha proporcionado muchas cosas buenas— y siempre le voy a estar agradecida por ello.

Torben siempre fue muy de números. Le gustaba analizar cómo funcionaba el algoritmo y otras cuentas similares a las nuestras y, cuando veía una oportunidad de colaboración, él contactaba con los hoteles y cerraba los detalles. Yo soy más creativa y por eso, pensaba y creaba los contenidos tanto para mi cuenta como para la suya.

Hubo una época en la que viajábamos cada fin de semana. Y poco a poco, se fue convirtiendo en un trabajo más, que, aunque disfrutábamos mucho, requería tiempo y ganas. Tiempo y ganas que en muchos casos salían de mí, ya que una vez Torben había acordado la colaboración, empezaba mi función de mujer orquesta: yo era la creativa, la directora, la modelo, la editora y la *community manager* de mi cuenta y de la suya. Casi sin ser muy consciente de ello, fui asumiendo mucha más carga de trabajo que él, en este y en muchos otros aspectos de nuestra vida.

En todo el tiempo en que estuvimos juntos, creo que Torben no se dio cuenta ni una sola vez de que se le acababa el desodorante, porque hasta de su desodorante me encargaba yo. Si veía que quedaba poco, yo lo anotaba, lo compraba y lo reponía. Y puede que él ni siquiera lo notara, porque lo hacía todo en completo silencio. Si es cierto que al principio era un gesto que salía del cariño, cuando sumas más de cien de estos gestos y a cambio no recibes ninguno de vuelta, empiezas a hacerte preguntas. La principal: ¿por qué no se esforzará al menos en aprender una pizca de español?

Esta fue la discusión más grande que tuvimos durante toda nuestra relación: el tema del idioma. Y es que Torben nunca quiso aprender a hablar español. Aunque fuese mi idioma. Aunque fuese el idioma del país donde vivíamos juntos. Nuestra relación siempre fue íntegramente en inglés y eso de puertas para dentro no era un problema, pero nada más traspasar la puerta de entrada se convertía en una barrera.

Poco a poco, esto nos fue aislando. Los amigos de habla inglesa que teníamos se fueron yendo de Barcelona y como los que quedaban hablaban español y Torben no los entendía, le daba pereza salir con ellos. Lo peor es que me convertí inevitablemente en su traductora oficial y en la única persona de la casa que se podía encargar de cosas tan básicas como comprar una medicina en la farmacia o de hablar con un fontanero. Y al principio yo intentaba justificarle, restarle importancia a esto, pero claro, cuando vi que no estaba haciendo ningún esfuerzo por aprender y que no tenía ninguna intención de hacerlo, empecé a molestarme.

Así que lo que había empezado con la organización de una boda, se convirtió en una constante que hizo que cada vez yo tuviese que realizar más y más tareas sola. Porque, como ya habréis podido observar a lo largo de los últimos capítulos, si los demás no hacen nada, ya me las apaño para hacerlo yo. Eso siempre había funcionado así en mi vida y no iba a ser distinto con Torben.

En la mudanza, por ejemplo, podríamos decir que la única aportación real que hizo Torben fue escoger el televisor. Del resto de cosas me encargué yo. Como en Barcelona con los pisos quien no corre vuela, nada más ver el anuncio tuve que ir a visitarlo yo sola. Y como me gustó y no era tan fácil encontrar oportunidades como esa, me moví para hacer todo el papeleo que conlleva: reunir la documentación, escribir una carta de presentación, enviarla, buscar a gente que nos ayudara con el traslado de nuestras cosas... Básicamente, todo. Durante el proceso, su aportación fue ir a visitar el piso, una vez ya lo habíamos solicitado, decir que le parecía bien y ya está. Bueno, y la tele, claro, no nos olvidemos de la tele.

Todavía ahora, que ya estamos más que separados, tengo en mi casa una carpeta etiquetada como «Documentos». Es una carpeta llena de papeles de Torben que gestioné y ordené yo misma mientras permanecíamos casados. Hace bastante tiempo que ya no vive en la misma casa ni en el mismo país que yo, pero la carpeta sigue aquí y nunca la ha reclamado. Y es que quizá no sepa ni siquiera que existe, porque además de su pareja, su traductora y su *community manager*, está claro que era su secretaria.

Poco a poco, las conversaciones entre nosotros se fueron tornando cada vez más difíciles. Cuando debíamos tomar decisiones importantes juntos, todo se hacía cuesta arriba. Ahora sé que nos faltó mucha comunicación, pero por desgracia, ninguno de los dos supimos hacerlo de otra forma en ese momento. Recuerdo mantener algunas discusiones con él en el portal de casa, mucho antes de nacer las niñas, en las que no podía parar de pensar en lo difícil que era sacar adelante cualquier cosa con él.

Cuando le planteaba un problema, un tema que me preocupaba acerca de nuestra relación y de las responsabilidades que asumíamos cada uno de nosotros, su respuesta siempre era la misma: «No sé qué hacer». Y ahí se quedaba su reflexión. Él, encerrado completamente en su cabeza y yo, bloqueada, porque no sabía resolver las cosas de otra forma que no fuera cargándomelas encima.

En aquel momento, pensaba que esas situaciones solo eran baches. Que se trataba de cosas que teníamos que trabajar y ya está. Pero nunca llegaba el momento de abordar el tema. Y yo cada vez tenía más tareas que realizar y menos ganas de discutir para que las llevara a cabo él. Seguimos juntos, pero lo hicimos de la peor manera en la que se puede hacer: sin hablar de lo que nos estaba pasando, sin pensar cómo nos sentíamos realmente cada uno de nosotros.

Mientras los primeros cimientos de la relación se tambaleaban sin que nosotros prestáramos demasiada atención, el aspecto laboral iba bien. Torben tenía un buen trabajo y yo seguía en la empresa que me había recontratado en Barcelona y me encontraba a gusto allí. Además de llevar todo el marketing y la comunicación de esa empresa, me convertí en la mano derecha de su dueño. Era una especie de secretaria que le solucionaba cualquier cosa que se os ocurra: desde generar documentos PDF hasta traducir sus emails al inglés para que se los pudiera enviar a sus socios y colaboradores extranjeros. Fue una experiencia laboral muy provechosa que, contra todo pronóstico, no tuvo un buen final.

El señor Martí, el dueño de la empresa y mi jefe directo, siempre se portó muy bien conmigo. Era una persona muy educada, muy respetuosa y con la que llegué a tener mucha confianza. Y supongo que fue esa cercanía la que hizo que se tomara un gesto, en apariencia insignificante, como una traición. Resulta que entre mis responsabilidades se encontraba la de enviar a impresión toda la papelería de la empresa. Y suponía una tarea más trascendental de lo que parece porque, para el señor Martí, una de las cosas más importantes era que el logo de su empresa estuviera siempre perfectamente aplicado en todos los soportes en los que aparecía. En el tamaño pertinente, con los colores apropiados, en el lugar adecuado.

En una ocasión, a uno de los gerentes de una de las empresas del grupo empresarial del que el señor Martí era el presidente se le ocurrió omitir el nombre de la filial española en un logotipo de *cobranding* con la empresa vinculada en Inglaterra y me pidió que enviara a imprimir la papelería así, con el logo modificado. No fue decisión mía, yo simplemente ejecuté la orden que se me había dado. Pero el señor Martí no se tomó bien que hubiese enviado a imprimir el logo de ese modo, sin haberle informado primero de la decisión que el gerente había tomado. De hecho, lo encajó fatal.

Me llamó a su despacho y estuvo gritándome durante un rato largo, eterno para mí. Se puso tan violento conmigo que incluso pegaba golpes en la mesa y en la pared. Hubo un punto en el que yo ya no pude aguantar más esa situación y le dije: «Señor Martí, si siete años de mi trabajo se van a ir a la borda por esto, mejor écheme ya». Y su respuesta fue que justo eso era lo que iba a hacer. Sí, me acababa de echar y yo no me lo podía creer. Me despedía por un logo; peor que eso, por una decisión que ni siquiera había tomado yo.

En ese momento, pensé que el corazón se me iba a salir por la boca, porque acababa de vivir una situación que no distaba mucho de lo que pasaba en mi casa de Santo Domingo, cuando mi padre pegaba a mi madre. Llegué a pensar que no abandonaría viva aquel despacho. Al final sí que lo hice, pero con un ataque de ansiedad encima. Y estaba tan asustada que me fui directa al Centro de Atención Primaria (CAP) que me quedaba más cerca de casa, para que me asistieran de algún modo. Allí me dieron un Valium y me enviaron a casa a descansar, pero esa pastilla me sentó fatal.

Así que tuve volver al médico para explicarles que lo que me habían prescrito me estaba poniendo aún más nerviosa. Y ahí fue cuando decidieron hacerme unas pruebas analíticas, para ver si había algo más que estuviesen pasando por alto. Y se dieron cuenta de que no era algo, sino alguien: un bebé de cuatro meses. Estaba embarazada. Y yo ni me había enterado, porque mis reglas siempre habían sido muy irregulares por los ovarios poliquísticos y, en general, me sentía muy bien. Despedida y embarazada, todo en un solo día. Un miércoles, me acuerdo perfectamente. No podía parar de pensar en cómo iba a traer un bebé al mundo si estaba sin empleo. Pero como Torben sí que tenía trabajo, decidimos seguir adelante.

Para acabar de rematar la situación, mi madre se enfadó conmigo. En un principio, ella quería venir a ayudarme con el bebé y quedarse a vivir con nosotros en Barcelona tres meses, pero Torben no veía claro que mi madre se instalara en nuestra casa tanto tiempo. Yo tampoco pensaba que fuese buena idea, porque sabiendo la relación que teníamos, podíamos acabar matándonos. Por eso, pensamos que lo mejor sería encontrar y alquilar un espacio para ella, para que pudiese acomodarse cerca de nosotros sin que eso provocara ningún problema mayor. Y por supuesto, Torben y yo correríamos con todos los gastos. Pero claro, decirle a un latino que no puede alojarse en tu casa es un insulto. Te quitan el apellido. Mi madre y yo mantuvimos una discusión muy fuerte y ella se enfadó tanto que decidió no venir. No estuvo ni siquiera en el parto. Pero no me quedaba otra que seguir adelante.

Con todas estas cosas pasando a la vez, yo me sentía muy perdida. No entendía cómo había podido cambiarme la vida tan rápido y sin avisar. Me pasaba los días en casa, sola (porque Torben trabajaba), embarazada y sin poder parar de pensar en cosas terribles, que no le contaba a nadie. Fueron las matronas las que se dieron cuenta de que no estaba bien, mientras me hacían un cuestionario de evaluación prenatal. Me diagnosticaron una depresión perinatal y me asignaron una psicóloga de la Seguridad Social. María, se llamaba, todavía me acuerdo. Aunque la verdad es que la asistencia que me proporcionaron en ese momento no fue muy intensiva ni yo tampoco creí que la necesitara tanto.

Supongo que fue el cúmulo de todas esas cosas sucediendo a la vez lo que me llevó a semejante situación. Aun así, yo me mantuve tan fuerte como pude, básicamente porque no sabía actuar de otra forma. Había un bebé en camino y poco tiempo para pensar. Así que, pese a todo lo que me estaba pasando, seguí convencida de que yo sola podía con todo. Ahora sé que no fue buena idea no pedir ayuda. Pero para darme cuenta de eso, antes tendría que ser madre de dos hijas, llegar al límite, divorciarme y pasar por un proceso de cambios muy largo que me ha llevado a ser la persona que soy hoy. Y no quiero saltarme todo esto, porque aquí es donde viene lo bueno. *Flowers*, agarraos bien a vuestros asientos, porque se aproximan curvas.

Mi *checklist* de lecciones aprendidas:

☑ La vida no siempre es tan mágica como nos hacen creer los cuentos infantiles.

☑ Echar la vista atrás y conectar con nuestros recuerdos nos puede ayudar a entender quiénes somos ahora y quiénes queremos ser.

☑ Ni poniendo un océano de por medio podemos huir de nuestra historia (ni de la de nuestros padres). Lo que vivimos en nuestros primeros años condiciona para siempre nuestra manera de relacionarnos con el mundo y con los demás.

☑ No hay nada comparable a la sensación de estar luchando por lo que quieres y ser completamente libre.

☑ Las experiencias que vivimos son más divertidas y enriquecedoras cuando te sientes acompañada y rodeada de buenas personas.

☑ La vida puede pasar de ser la mejor comedia romántica a un drama en cuestión de segundos, ¡cuidado con los príncipes encantadores!

☑ Hay oportunidades inimaginables esperándonos a la vuelta de la esquina, así que confía. No es mentira que cuando una puerta se cierra se abre una ventana.

☑ A veces, nos empeñamos en hacer la vista gorda ante detalles y comportamientos que un día acabarán siendo decisivos. Es importante estar atenta a las señales y confiar en el instinto.

☑ La (buena) comunicación en pareja es un límite no negociable.

6

~~Los niños lo cambian todo~~
La presión social lo cambia todo

Torben y yo no nos habíamos planeado tener hijos. Simplemente, llegaron. De hecho, la primera vez que me quedé embarazada fue cuando acabábamos de conocernos, pero como lo detecté justo al principio del embarazo y llevábamos tan poco tiempo de relación, decidí que lo mejor en ese momento era abortar. Fue una suerte que viviésemos en España, un país en el que a las mujeres se nos permite tomar libremente este tipo de decisiones, que deberían ser solo nuestras. Este es otro tema de mi vida del que hablo por primera vez públicamente aquí.

Cuando me quedé embarazada por segunda vez, la situación era bien distinta. Ya estábamos casados, ya teníamos una casa y todo indicaba que había llegado el momento de dar ese paso. Y aunque al principio la depresión perinatal no me lo puso fácil, poco a poco fui recomponiéndome, sintiéndome con más fuerzas y, al final, acabé llevando un buen embarazo, que me permitió seguir haciendo mis entrenos de boxeo como si nada y estando tan activa como siempre. Tenía una tripita tan pequeña que más que embarazada parecía que me hubiese comido un pollo entero.

Recuerdo perfectamente los momentos en los que concebimos a cada una de nuestras hijas. A Ava, cuando él llegaba de un viaje de empresa. Y a Olivia, después de una cena que yo había organizado para celebrar el cumpleaños de Torben, en un restaurante bastante caro. Siempre bromeamos que lo más caro no fue el restaurante, sino el resultado de la cena.

Mis dos embarazos fueron bonitos. Pese a que el principio del de Ava resultara duro, por todos los cambios que había vivido en tan poco tiempo y porque la relación con Torben empezaba a mostrarse algo resentida, este fue el mejor. Al final, era nuestra primera experiencia como padres, nos sentíamos muy ilusionados, y por momentos, pareció que Torben iba a empezar a involucrarse más con la casa y conmigo, pues estaba más encima de mí que de costumbre.

De esa inocencia de padres primerizos venía la ignorancia que nos llevaba a tener conversaciones en las que decíamos que todo iba a seguir siendo igual en nuestra relación, que íbamos a seguir viajando de la misma forma y que lo único que cambiaría es que lo haríamos con un miembro más en la familia. Ilusos.

La llegada de Ava fue un golpe de realidad, lo mires por donde lo mires. Porque la idea de tener hijos es preciosa, pero la realidad es que se necesita a toda una tribu para cuidar de un bebé. Y mi tribu, por desgracia, era demasiado pequeña. Torben y yo estábamos solos en Barcelona. La familia de Torben residía en Dinamarca y la mía, en República Dominicana, así que no había abuelos, ni hermanos, ni primos y apenas amigos con los que tuviésemos la confianza suficiente como para pedirles ayuda. Ahí es donde te das cuenta de que, para el sistema, tener hijos es una responsabilidad única y exclusivamente tuya. Y si eres primerizo, esa soledad se convierte en una bomba de relojería.

Nuestra falta de experiencia nos hizo tomar algunas malas decisiones. La principal, que Torben se guardara las semanas de baja paternal para poder ir a visitar a mi familia más adelante a República Dominicana. Fue un grave error, porque me pasaba todo el día sola en casa, sin poder dormir, con una niña pegada al pecho. No disponía de tiempo para comer, ni tampoco para ducharme. Y cuando Torben llegaba a casa, como comprenderéis, no estaba de humor para jugar a la familia feliz. Pasé de ser una chica mona y organizada a estar completamente irreconocible y sintiéndome fatal conmigo misma, en parte por las hormonas y en parte porque el «yo sola puedo con todo» que había ido interiorizando durante toda la vida empezaba a quebrarse en pedazos.

Al cabo de unos dos meses nos llevamos a Ava de viaje. Y no nos la llevamos cerca. Primero nos acompañó a la República Dominicana, para visitar a mi familia y que la conocieran. Pero es que cuando cumplió cinco meses, nos fuimos con ella a Asia, porque, como recordaréis, nuestra vida iba a ser igual e íbamos a seguir viajando como si nada y bla, bla, bla. Bueno, pues en el viaje Ava se puso enferma. Estar con un bebé enfermo en la otra punta del mundo fue una experiencia tan agobiante que nos sirvió para entender de golpe que, por más que quisiéramos, la vida sí que había cambiado y nada iba a ser igual a partir de ese momento.

Todo resulta muy idílico cuando no sabes lo que significa realmente tener una familia. Hasta entonces, las discusiones no eran tan cruciales. El debate más grande giraba en torno a si nos tomábamos el cóctel en el bar del hotel o en el local que quedaba a diez metros. Pero cuando tienes a un bebé que no te deja dormir, cuando los dos estáis agotados y no disponéis de tiempo para vosotros, ahí, en los momentos difíciles, es cuando te das cuenta de verdad de la capacidad de reacción de tu pareja. Y de hasta qué punto va a involucrarse en la crianza de los hijos que tenéis en común. Porque la crianza no solo es dar de comer, encargarse de los bañitos y hacer las cosas básicas para mantener a las niñas con vida. También es una toma de decisiones constante en la que yo me he sentido bastante sola.

Desde el momento en el que te conviertes en madre, te enfrentas a un bombardeo constante de juicios y de consejos no solicitados. Y con las redes sociales, el bombardeo es más fuerte si cabe. Que según Montessori se tiene que hacer así, que según tal pediatra famoso hay que hacerlo así, que si no practicas la crianza positiva no lo haces bien. Aparte, duerme ocho horas, trabaja ocho horas más, sigue siendo una mujer atractiva, sé una persona alineada con sus valores… No hay suficientes horas en el día para llegar a todo eso tú sola. Y lo curioso es que el bombardeo es para nosotras, las madres. Los padres no suelen ser juzgados con la misma severidad. A ellos no se los suele ver tan preocupados con todas estas cosas. Y esto tiene que ver con los diferentes espacios que la sociedad nos ha asignado a hombres y mujeres.

Hay muchas cargas en relación con la crianza que asumimos nosotras solas, sin que ni siquiera nos planteemos que también lo podrían hacer ellos. Me acuerdo por ejemplo de cuando decidimos probar con Ava el Baby Led Weaning, una forma de iniciar la alimentación complementaria que consiste en cortarle trocitos de alimentos a la bebé, para que ella misma pueda cogerlos y empezar a comer por sus propios medios. Es verdad, fue una decisión que tomamos los dos, porque yo me encargué de buscar, de investigar, de leer. Y cuando ya había hecho todo ese proceso, se lo comenté a Torben. Él vio dos vídeos en Instagram y me aseguró que le parecía bien. No lo puso en duda ni tampoco se interesó en buscar si había otras formas de hacerlo. Eso sí, de vez en cuando se encargaba de decirme que su familia tenía algunas sugerencias sobre cómo podríamos criar mejor a nuestra hija. Su familia, que aun estando a tan solo tres horas en avión vino a pasar apenas un fin de semana a Barcelona, para conocer a la niña y volverse a marchar.

Conseguir ayudas del Estado para el cuidado y crianza de tus hijos es muy difícil. Y sin apoyo por parte de la administración ni de nuestras familias y la actitud pasiva de Torben ante esto, yo me sentía completamente desamparada. El sistema me volvía a repetir que yo sola debía poder con todo, que no me merecía ni siquiera que se le concediera a mi hija una plaza en la escuela infantil pública, así que tuvimos que criar a Ava durante los dos primeros años en casa y, al final, acabamos pagando quinientos euros al mes a una escuela infantil privada, porque, si no, mi ritmo de vida era insostenible. Y con todo esto encima, se suponía que todavía debía quedarme tiempo para cuidar de mi relación. A mí, por supuesto, porque Torben no parecía sentirse aludido por nada que tuviese que ver ni con la crianza, ni con la casa, ni con la salud de nuestro matrimonio. Imposible. La relación, en estas circunstancias, pasó a ser mi última preocupación. Y cuando llegó Olivia, ya ni te digo.

El embarazo de Olivia, mi segunda hija, discurrió sin pena ni gloria. A mí se me hizo más complicado que el primero, por la situación en la que Torben y yo estábamos como pareja, que era aún peor que cuando tuvimos a Ava, pero también porque fue en plena pandemia del coronavirus y había que mantener entretenida a una niña de un año y poco entre las cuatro paredes de casa. Yo me estaba volviendo loca. Al parecer, yo sola, porque Torben, como de costumbre, casi ni se inmutaba. Y, además, me entristeció mucho saber que mi último embarazo (si algo tenía claro es que con dos hijas era suficiente) iba a pasarlo así, aislada, sin poder compartirlo con nadie más que con Torben.

A Olivia no pudimos organizarle un *baby shower*, como sí habíamos hecho para Ava. Y cuando nació, nadie pudo venir a visitarla. Todos los contactos que Olivia tuvo al principio de su vida fueron por videollamada. Ni siquiera pude pasearme por las tiendas de bebés para comprarle ropita nueva. Todo se tenía que adquirir por internet, donde no había vendedores para asesorarte ni sugerirte cuál era la mejor opción. Me tocaba comprar online y confiar en que había escogido bien. Y cuando los paquetes llegaban a casa, desinfectarlos por completo. Pensé muchas veces en las madres primerizas que se vieron obligadas a vivir todo esto por primera vez en estas condiciones.

Al enterarme de que estaba embarazada de Olivia pensé que Ava necesitaba un hermanito. Cuando tenemos hijos, reproducimos ideas que ni siquiera vienen de nosotras mismas. Son mantras que la sociedad nos incrusta en el cerebro y de los que es muy difícil escaparse. La verdad es que, si tienes un solo hijo, no pasa nada y seguro que Ava podría haber sobrevivido perfectamente sin una hermana. Aunque es cierto que ahora me alegra que sean dos y puedan hacerse compañía. Olivia es una niña muy cariñosa. Y aunque cuando me quedé embarazada de ella me surgieron muchísimas dudas, porque con Torben la cosa no iba bien y ya era una carga muy grande para mí la responsabilidad de una sola hija, las dudas hubiesen desaparecido al momento si hubiese sabido desde el principio cómo iba a salir ella. Al final, todo pasa por alguna razón.

Pese al infinito amor que siento por mis dos hijas, había días que eran especialmente duros, porque además de tener toda la presión sobre mis hombros, me culpaba de no poder llegar a todo y me seguía diciendo a mí misma que debería poder, que tenía que hacerlo mejor, que una vez más «tenía que». Pero esa era una carga que llevaba por dentro. Yo reprimía esas emociones, me las guardaba para mí. Y eso al final acababa convirtiéndome en una bomba andante que podía explotar en cualquier momento. Cuando había llegado al límite, bastaba con que Torben me diera los buenos días para que, ¡bum!, estallara en una discusión. Está claro que la comunicación no era uno de nuestros puntos fuertes, pero la carga del día a día tampoco me permitía detenerme a ver qué estaba pasando con nosotros.

Al final, Torben y yo nos encontrábamos mal dentro de una rueda que no funciona bien. Porque no es justo que las familias tengamos que vivir este estrés para poder conciliar, para poder lograr las cosas más básicas. Que la responsabilidad recaiga enteramente sobre nosotros. Oímos continuamente que en España hay un problema con el índice de natalidad y el sistema de pensiones, pero luego no parece que se tomen las suficientes medidas para aligerar un poco la vida de las familias... ¡Si ni siquiera los horarios de las empresas coinciden con los horarios de las escuelas infantiles! Y todas estas cosas se van acumulando y acaban haciendo que sientas que tú eres un fracaso como madre. Ya está, soy un fracaso, porque no llego a todo y no puedo parar de sentirme mal.

Mientras tanto, mis redes sociales seguían creciendo y yo quería mostrar que tenía una familia bonita, algo que muchas de mis seguidoras entendían como la familia perfecta; así que a la mínima que me quejaba o comentaba lo cansado que resultaba la crianza, había quien me criticaba y me cuestionaba. Sí, era afortunada por contar con una familia tan bonita, pero nadie más que yo sabía lo que me estaba costando sacarla adelante. Ya no solo en el aspecto económico, sino también mental y emocionalmente.

En resumen, la situación me estaba superando y cuando se lo intentaba transmitir a Torben, a veces con tanta desesperación que lo hacía a gritos, su única respuesta era que en España la burocracia no funcionaba lo suficientemente bien, pero lo que yo necesitaba no era que España funcionase mejor, sino que afrontásemos juntos lo que nos estaba pasando y eso, por más que yo lo intentase, nunca llegaba a suceder. A veces, no entiendo por qué dejé que todo alcanzara el punto que alcanzó. Después de pensarlo mucho, he llegado a la conclusión de que muchas veces hacemos la vista gorda en nombre del amor, porque sí, estamos enamoradas, pero también, porque la idea que se nos ha vendido sobre el amor es muy limitada.

Si algo he aprendido tras vivir toda esta experiencia es que un matrimonio no son solo dos personas que se quieren. Un matrimonio es también una sociedad mercantil. Hay dos personas aportando dinero y recursos para que todo siga funcionando correctamente. Y como en cualquier empresa, en una familia tiene que haber quienes lideren el proyecto y quienes lo saquen adelante a través de su trabajo. Si tenemos suerte y ese año la empresa saca beneficios, perfecto, los disfrutamos juntos. Pero al menos, debemos conseguir que la empresa siga en pie. Y pocas empresas funcionan como toca cuando solo hay una persona que trabaja y el resto miran. Eso no deberíamos aceptarlo nunca y mucho menos, por amor. Hablar sobre la logística, sobre el dinero, sobre el tiempo que cada miembro de la familia dedica a que el barco siga a flote es indispensable. Pero claro, eso lo supe cuando ya era demasiado tarde.

Nos casamos porque estábamos enamorados, pero nos olvidamos de que, además del amor, habría otros dos aspectos que también afectarían a nuestra relación y a nuestro hogar: el tiempo y el dinero. No me parece justo que yo, aparte de todo lo que ya tenía que hacer en casa, debiera aportar el cincuenta por ciento del dinero del hogar. Para empezar, porque durante mucho tiempo yo gané menos dinero que Torben. Pero, también, porque me hacía cargo de un montón de tareas y gestiones por las que no se me pagaba y ni siquiera se me daba las gracias. Y no es que pretenda ser una mantenida, es que sé perfectamente lo que cuesta criar a dos niñas y sostener a un hombre adulto, mientras haces malabares para que la casa no se te caiga encima. Eso implica saber cosas como a quién tienes que llamar cuando se rompe algo, o las vacunas que le tocan a las niñas a cada edad, o cómo funciona el proceso para inscribirlas en el colegio. El tiempo y el dinero son dos temas fundamentales en cualquier matrimonio, pero muchas veces no se habla de ellos. Se va sobre la marcha y en nuestro caso, hacia la deriva.

Entonces, se unió a la lista otro problema más: poco después del nacimiento de Ava, Torben se quedó sin trabajo. Por suerte, yo en ese momento ya había encontrado un nuevo trabajo en una floristería que compaginaba —como podía— con las redes sociales y, además, a él le dieron una compensación económica más que suficiente para que no tuviésemos que preocuparnos del dinero durante un tiempo. Justo por eso, decidió tomarse un año sabático y yo le apoyé. Pero el año se convirtió en dos años, después en tres y al final, acabaron siendo cinco años, en los que él iba desarrollando ideas de negocio y abandonándolas antes de ni siquiera ponerlas en marcha. Cinco años en los que él solo tuvo algún que otro trabajo puntual, nada a largo plazo y, sin embargo, yo seguía soportando la misma carga exacta en casa. O incluso más, porque como su secretaria oficial, también me tuve que encargar de gestionar su paro porque, ya sabéis, no habla español.

Así fue el panorama en casa durante los últimos años que Torben y yo compartimos juntos: nuestro matrimonio se deterioraba a cada día que pasaba y él cada vez estaba menos presente, por más que discutiéramos y yo se lo reclamara una y otra vez. En los dos últimos años de matrimonio, él era una especie de fantasma que habitaba en el sofá de nuestra casa. Era como tener una nube gris en el salón de forma permanente. Yo no podía entender su inacción y tampoco disponía de tiempo para hacerlo. Tenía que seguir tirando del carro por nuestras hijas. Pero ese carro cada vez era más pesado. Sé que para él tampoco resultó fácil, su actitud parecía la de una persona que estaba pasando por una depresión. Al final, supongo que sentir que no era capaz de hacerse cargo de su familia fue demasiado para él. Pero yo no podía esperar a que se recompusiera. De hecho, jamás llegó a reaccionar ni a buscar algún tipo de ayuda para estar mejor. O si lo intentó, yo nunca lo sabré, porque nuestra comunicación para entonces ya era casi nula.

Una familia es como un tren. Hay que echarle carbón cada día. Y si él no iba a proporcionar carbón a la máquina, tenía que hacerlo yo por los dos. Al final, yo me encargaba prácticamente de todo: desde llamar para vinieran a arreglar la caldera, pensar y comprar los regalos de cumpleaños de nuestros conocidos, dar por teléfono todas las indicaciones a las personas que venían a limpiar —estando él en casa y yo fuera trabajando—, llevar a las niñas al colegio, pensar la lista de la compra para que él fuese a los recados… Y lo hacía sin demandar nada, porque al final, pedírselo era una carga más que ya no estaba dispuesta a asumir. Me sentía muy enfadada con él y no reparé en que necesitaba ayuda. Pero es que, con tantas cosas encima, yo no podía ayudarle, porque ni siquiera sabía cómo hacerlo. Lo único en lo que podía pensar era en activar mi modo supervivencia y hacer, hacer, hacer y hacer. Y yo sé que eso tampoco le sirvió de mucho a él, pero nunca lo llegamos a hablar. No nos dijimos lo que sentíamos. No trabajamos en eso que nos estaba pasando a cada uno de nosotros. Simplemente, yo dejé de pedirle que se involucrara más en la vida que teníamos en común. Y lo que compartíamos se fue apagando.

A pesar de todo el malestar que me generaba esta situación, parece que Torben lo único que realmente notaba era que yo ya no le daba besos, ni le abrazaba, ni quería tener relaciones sexuales. Con el nivel de estrés que llevaba encima, para mí era imposible sentir la conexión suficiente con él como para que me apeteciera tener sexo. Aun así, a veces lo intentaba, para que estuviera contento, para ver si algo mejoraba. Pero no, nada mejoraba y lo único que conseguía yo era sentirme utilizada. Aunque sé que no puedo atribuirle toda la culpa a él, porque yo no se lo expresaba.

Así que en esas estábamos. Yo encargándome de resolver los problemas de todos los miembros de la casa sin pausa, completamente exhausta, con un tiempo muy limitado para ver a mis hijas, porque tenía dos trabajos a la vez, y cuestionándome: «Vale, yo se lo resuelvo todo a todo el mundo, pero ¿y a mí, que soy la que resuelve? ¿Quién le resuelve la vida a la persona que resuelve? ¿Quién le ofrece un respiro? ¿Quién la escucha? ¿Quién le da una muestra de afecto para que le parezca que vale la pena continuar?». Porque yo pensaba que esa persona tenía que ser Torben, pero no estaba siendo así. Y al final, cuando solo tiras y tiras y tiras y nadie te manifiesta ni una pequeña muestra de agradecimiento, llega un momento en el que ya no puedes más.

Mi *checklist* de lecciones aprendidas:

- ☑ La vida no siempre es tan mágica como nos hacen creer los cuentos infantiles.
- ☑ Echar la vista atrás y conectar con nuestros recuerdos nos puede ayudar a entender quiénes somos ahora y quiénes queremos ser.
- ☑ Ni poniendo un océano de por medio podemos huir de nuestra historia (ni de la de nuestros padres). Lo que vivimos en nuestros primeros años condiciona para siempre nuestra manera de relacionarnos con el mundo y con los demás.
- ☑ No hay nada comparable a la sensación de estar luchando por lo que quieres y ser completamente libre.
- ☑ Las experiencias que vivimos son más divertidas y enriquecedoras cuando te sientes acompañada y rodeada de buenas personas.
- ☑ La vida puede pasar de ser la mejor comedia romántica a un drama en cuestión de segundos, ¡cuidado con los príncipes encantadores!
- ☑ Hay oportunidades inimaginables esperándonos a la vuelta de la esquina, así que confía. No es mentira que cuando una puerta se cierra se abre una ventana.
- ☑ A veces, nos empeñamos en hacer la vista gorda ante detalles y comportamientos que un día acabarán siendo decisivos. Es importante estar atenta a las señales y confiar en el instinto.
- ☑ La (buena) comunicación en pareja es un límite no negociable.

☑ Siempre te dicen el maravilloso regalo que es tener hijos, pero casi nadie habla del agotamiento, la incertidumbre y los juicios externos constantes que trae consigo la maternidad.

☑ Una relación sólida y duradera no son solo dos personas que se quieren, pues esto no será suficiente cuando la vida te ponga a prueba. Para capear cualquier temporal un matrimonio debe ser un equipo bien coordinado y para ello hay que hablar de logística, dinero y cosas prácticas.

7

El momento eureka

Desde que hice público mi divorcio, una de las preguntas que más me plantean por redes sociales es cuál fue el momento en el que supe que tenía que separarme. Como si esa decisión viniera de una revelación. Ese momento eureka que todas desearíamos vivir, para contar con la garantía de que estamos haciendo lo correcto. La verdad es que no creo que haya un solo momento. Es más bien un cúmulo de situaciones que se repiten una y otra vez, que te hacen perder el sueño y, a la vez, ir cansada a todas partes. Lo que sí sucedió en mi caso es que llegó la hora en que dejé de pedirle a Torben que estuviese más presente, que hiciese algo.

Encargarme de todo y, además, tener que ir detrás de él era demasiada carga para mí sola. Así que simplemente decidí dejar de discutir. Y cuando tu pareja ya no te insiste para que te involucres en la vida familiar, olvídate. En este punto, puede que el otro se plantee que es una buena señal que tú ya no te quejes, pero la realidad es que es el peor indicador de todos, porque significa que ya has perdido cualquier esperanza en tu pareja y que ya no tienes ganas de seguir luchando por la relación.

Mi historia de vida ha hecho que lleve especialmente mal el hecho de sentirme desprotegida y poco arropada por las personas que tengo a mi alrededor. En este sentido, la inactividad y la volatilidad de Torben —cada día tomaba una decisión en relación a su trabajo que contradecía la anterior— me hacía sentir insegura y me disparaba la ansiedad. Y cuando esa ansiedad supera los límites de lo que puedes soportar, tu cuerpo te empieza a dar señales, te dice de todas las formas que sabe que hasta ahí has llegado, ya no puedes seguir así. Yo comencé a quedarme calva y a perder mucho peso. Llegué a pesar cuarenta y siete kilos, una cifra muy por debajo de lo que necesito para estar bien con mi constitución.

Otra de las cosas que me hizo percatarme de que lo que me estaba pasando no era bueno es el momento en el que mi médica me recetó ansiolíticos. Ver esa receta entre mis manos, saber que la solución que se me estaba dando para estar mejor era tomarme un ansiolítico cada día, fue algo que me impactó y que me hizo preguntarme cómo había llegado hasta ese punto. Duele mucho verse de esa manera. Ser consciente de que me estaba dejando la vida por el simple hecho de estar callada y aceptar una situación que no me hacía bien.

Empecé a notar que cada mañana me costaba más levantarme. Y en uno de esos días, me senté en la esquina de mi cama y me pregunté a mí misma: «¿Esto va a ser así siempre?». Y si la respuesta iba a ser afirmativa, quería abandonar. Pero yo no podía rendirme, necesitaba continuar, porque tengo dos hijas a las que no puedo dejar en la estacada. Así que allí, en la esquina de mi cama, después de muchos años echándome a la espalda todos los problemas de mi familia, decidí que no quería vivir de ese modo durante el resto de mi vida. Decidí que yo no había llegado a este mundo para que en mi lápida pusiese «Buena esposa y buena madre». Porque yo soy mucho más que eso y no quería seguir renunciando a serlo.

También os diré que no creo que todas las crisis de pareja deban acabar en divorcio. El mensaje de este libro no es «divórciate, que es lo mejor que me ha pasado en la vida». Yo creo en las parejas que se reconcilian, pero también sé que, para ello, tiene que haber dos personas dispuestas a trabajar, tanto a nivel individual como en conjunto. Y en mi caso no pasó. Hubo muchas conversaciones (y discusiones) antes de que yo llegara a esta decisión. En ellas, yo le explicaba a Torben todas las cosas que necesitaba que cambiaran (reconozco que no de la mejor manera, aunque eso lo sé ahora) y su respuesta siempre era la misma: que él no sabía qué hacer para arreglarlo y que, si nos separábamos, él se iba a vivir a Dinamarca. Ya está. Nunca propuso soluciones o intentó cambiar un ápice su actitud. Y todo esto no os lo explico para echarle la culpa de nada. Simplemente, la dinámica de vida que teníamos juntos no me estaba funcionando y al final, decidí que no era lo que yo quería.

Su insistencia con lo de irse a Dinamarca fue justamente lo que hizo que yo tardara más en dar el paso. Me daba miedo que se marchara para siempre y abandonara a sus hijas. No quería que Ava y Olivia pasaran por lo que implica la figura de un padre ausente, que tuvieran las mismas heridas que yo. Además, por más que yo llevara el peso de la casa, él todavía se encargaba de realizar algunas tareas, hacer la compra (con la lista que yo le preparaba), cocinar y darles la comida y la cena a nuestras hijas. Y cada vez que él afirmaba que se iría, yo me preguntaba cómo haría para llegar a ese diez por ciento más que en ese momento no formaba parte de mi cometido. Mi preocupación principal era la logística, porque lo primero para mí era el bienestar de mis hijas y me agobiaba pensar que, si tenía que coger un poco más de responsabilidad, no se lo podría garantizar.

Pero al final, tuve que hacerlo igualmente. Y no porque la duda se hubiese desvanecido, ni mucho menos, sino porque por mucho me aterrara estar completamente sola en Barcelona, me di cuenta de que una madre enferma, que se ve obligada a tomar ansiolíticos para mantenerse funcional, tampoco podía garantizarle la mejor de las vidas a sus hijas. Así que la siguiente vez que Torben amenazó con marcharse, le dije que se fuera si lo consideraba oportuno, pero que antes teníamos que regularizar nuestra situación. De ello hablaremos en un par de capítulos.

La moraleja de todo esto es que ese momento eureka que estás esperando no va a llegar. O, al menos, no de la manera en la que te lo imaginas. Una decisión tan dura como la de separarte de una persona a la que has querido nunca resulta fácil y siempre se va a tomar con dudas, con miedo y con muchas preguntas que solo el tiempo responderá. No es un proceso lineal ni tampoco hay un momento en el que alcanzas una claridad especial. Simplemente, se toma esa decisión desde la necesidad de priorizar el bienestar de una misma. Y por eso, tú no tienes por qué adoptar la misma determinación que yo, porque cada historia es distinta.

Hay varias lecciones que he aprendido en todo este proceso y que, si pudiera volver atrás, intentaría poner en práctica. Regresar al pasado es materialmente imposible, pero quizá tú todavía estés a tiempo, así que solo por eso, vale la pena dejarlas por escrito. La primera es que es bueno conocer la infancia de tu pareja y las heridas que esta pudo causarle, porque es probable que eso acabe afectando de una forma u otra las decisiones que vaya tomando. En mi caso, yo no supe hasta mucho tiempo después de empezar mi relación con Torben que su padre había maltratado a su madre y que al final, los había acabado abandonando. Estoy segura de que esto está directamente conectado con la actitud pasiva con la que él abordó los problemas que fueron surgiendo durante nuestra relación, sobre todo sabiendo que nunca ha pasado por un proceso de terapia psicológica que le haya permitido sanar de verdad esas heridas y esos recuerdos tan duros.

En segundo lugar, creo que es importante ser consciente de si te estás enamorando de una idea o de una persona. Cuando conocí a Torben, me di cuenta muy rápido de que se trataba de alguien muy inteligente, analítico, con la capacidad de detectar oportunidades y tener muy buenas ideas. Recuerdo perfectamente cómo más de una y dos veces le dije (y me dije a mí misma) que tenía mucho potencial. Pero claro, el potencial, si no se pone en marcha, se queda en nada. Vaya, que enamorarse del potencial de una persona es un error. Antes que enamorarte de lo que una persona puede llegar a ser o a hacer, mejor enamórate de lo que realmente es y hace. Porque si no, te sucederá como a mí, que estuve diez años intentando desarrollar las aptitudes de una persona que no tenía el más mínimo interés en descubrir hasta dónde podía llegar. Yo me he quedado con las ganas de saber qué habría pasado si Torben hubiese estado dispuesto a afrontar un proceso para entender qué le estaba ocurriendo a él individualmente y cómo eso nos estaba afectando como pareja, igual que yo lo hice por mi parte, una vez tomé la decisión de divorciarme. Pero no podía esperar eternamente a que eso se produjera. Un año después de la separación, él todavía sigue convencido de que hombres y mujeres somos biológicamente distintos y que, por tanto, estamos condenados a no entendernos nunca. Esa es la máxima reflexión a la que ha podido llegar. Ojalá tu caso sea distinto y las posibilidades de que tu relación de pareja funcione sean más altas. Ojalá puedas alcanzar, sea sola o en pareja, el bienestar y el equilibro que todas nos merecemos tener en nuestras vidas.

Mi *checklist* de lecciones aprendidas:

- ☑ La vida no siempre es tan mágica como nos hacen creer los cuentos infantiles.
- ☑ Echar la vista atrás y conectar con nuestros recuerdos nos puede ayudar a entender quiénes somos ahora y quiénes queremos ser.
- ☑ Ni poniendo un océano de por medio podemos huir de nuestra historia (ni de la de nuestros padres). Lo que vivimos en nuestros primeros años condiciona para siempre nuestra manera de relacionarnos con el mundo y con los demás.
- ☑ No hay nada comparable a la sensación de estar luchando por lo que quieres y ser completamente libre.
- ☑ Las experiencias que vivimos son más divertidas y enriquecedoras cuando te sientes acompañada y rodeada de buenas personas.
- ☑ La vida puede pasar de ser la mejor comedia romántica a un drama en cuestión de segundos, ¡cuidado con los príncipes encantadores!
- ☑ Hay oportunidades inimaginables esperándonos a la vuelta de la esquina, así que confía. No es mentira que cuando una puerta se cierra se abre una ventana.
- ☑ A veces, nos empeñamos en hacer la vista gorda ante detalles y comportamientos que un día acabarán siendo decisivos. Es importante estar atenta a las señales y confiar en el instinto.
- ☑ La (buena) comunicación en pareja es un límite no negociable.

☑ Siempre te dicen el maravilloso regalo que es tener hijos, pero casi nadie habla del agotamiento, la incertidumbre y los juicios externos constantes que trae consigo la maternidad.

☑ Una relación sólida y duradera no son solo dos personas que se quieren, pues esto no será suficiente cuando la vida te ponga a prueba. Para capear cualquier temporal un matrimonio debe ser un equipo bien coordinado y para ello hay que hablar de logística, dinero y cosas prácticas.

☑ Las grandes decisiones de la vida no suelen tomarse a partir de una revelación, de un momento de lucidez en el que de repente lo entiendes todo y cortas por lo sano, sino que llevan tiempo; la decepción, el cansancio, las discusiones y la tristeza se acumulan y tu cuerpo empieza a mandar señales que no se deben ignorar.

☑ No es lo mismo estar enamorada de una persona que de una *idea* sobre una persona o de un proyecto de futuro.

8

Y ahora, ¿qué?

Tras diez años de relación, si algo estaba claro es que había demostrado con creces que yo sola puedo con todo, pero también lo hundida que me hallaba en ese momento. Yo ya no deseaba ser una supermujer, simplemente quería dejar de sentirme mal conmigo misma todo el rato. Y cuando tomé la decisión de divorciarme, sabía que eso no suponía el final, ni mucho menos. Más bien era el principio de un proceso largo y complejo, en el que tendría que seguir cargando con un peso enorme. Así que, cómo no, me hice una lista. Pero esta lista era distinta, porque en ella no solo estaban apuntadas las tareas que debía realizar, sino también las personas, profesionales y servicios que me iban a ayudar a hacerlo con todas las garantías.

Lo primero de todo era resolver las dudas y preguntas que más me preocupaban sobre un proceso de divorcio con niños. Empecé a investigar en internet por mi cuenta y también recurrí a un centro público de atención a la mujer. En España, cada comunidad autónoma y cada localidad cuenta con los suyos, pero en mi caso, que vivía en Barcelona, me acerqué al PIAD (*Punt d'Informa-*

ció i Atenció a les Dones), un servicio público, gratuito y confidencial del Ayuntamiento de Barcelona que ofrece información, asesoramiento y orientación a mujeres en distintos ámbitos, además de atención psicológica y asesoramiento jurídico para aquellas que lo necesiten. Ahí me informaron de los primeros pasos a dar y me ayudaron a comprender lo que debía hacer para asegurarme de que si Torben se iba a Dinamarca, eso no iba a perjudicarnos ni a mis hijas ni a mí de ninguna forma. Con la información que allí me proporcionaron, supe que el primer paso era el convenio. Hablaremos sobre ello con más detalle en el siguiente capítulo. Pero, en resumen, para mí lo más importante era que Torben y yo firmásemos un convenio con el que estuviésemos de acuerdo los dos, antes de que él se fuese a Dinamarca. Años antes, yo ya había hecho algunas consultas a abogados matrimonialistas. Y cuando llegó este momento, recurrí al contacto de la abogada que más me había gustado, para que me ayudara a confeccionar el convenio. No os voy a mentir: los abogados son caros. Pero desde el momento en el que tomé la decisión, asumí que debería hacer frente a este tipo de gastos. Y por suerte, tuve el privilegio de poder afrontarlos, por más que me doliesen.

Contarle a la persona con la que imaginaba que pasaría el resto de mi vida que había decidido que no quería seguir a su lado fue durísimo para mí. No podía pensar en ello sin echarme a llorar al instante. Sin embargo, su primera reacción no fue igual que la mía. Se mantuvo serio, algo triste, pero muy entero, como si de algún modo ya intuyera que esto iba a pasar o quizá, como si no se acabara de creer que mi decisión era firme. Cuando se lo dije, yo ya había empezado a ir a terapia, así que pedí consejo, me preparé y lo hice con cuidado, intentando transmitirle la noticia de un modo que no lo hundiese. Le pedí que nos sentásemos un momento, hablé desde mis sentimientos. Realicé un verdadero esfuerzo para acabar lo mejor posible, aunque la respuesta que recibí por su parte no fue muy distinta a la que siempre me había dado en el resto de nuestras discusiones. Que él no sabía qué teníamos que hacer para separarnos. Y poco más.

En el proceso de preparación del divorcio surgieron otras gestiones de las que me tuve que encargar. Como recordaréis, Torben y yo nos habíamos casado legalmente en Dinamarca, pero si queríamos divorciarnos en Barcelona, debíamos inscribir nuestro matrimonio en el Registro Civil de Barcelona. Y aquí la cosa se empezó a complicar, porque eso no solo suponía presentar papeles que yo podía obtener por mi cuenta, sino que también implicaba que Torben consiguiera y me entregara una serie de documentos que solo podía solicitar él, como su partida de nacimiento. No sabéis la cantidad de veces que tuve que insistirle hasta que logré que me proporcionara todo lo que necesitaba por su parte. Al final, esto en algunos casos puede ser una forma de violencia, aunque no sea malintencionada —Torben lo hacía así porque esa es su forma de ser—, puesto que ralentizar (como fue mi caso) o paralizar (como es el caso de muchas otras mujeres) el proceso de divorcio nos impide empezar una nueva etapa de nuestra vida con libertad. Por suerte para mí, y dentro de lo difícil que resultó en algunos momentos, yo tuve la oportunidad de continuar con el divorcio. Quizá más lento de lo que me hubiese gustado, pero pude hacerlo sin correr ningún riesgo físico ni sentirme impedida económicamente. Pagar a un abogado no es la única forma de proceder con un divorcio. Como decía antes, en los centros públicos de atención a la mujer suele haber servicios de asesoramiento legal y, según las circunstancias y la situación concreta de cada una, también se puede dar el caso de que un abogado acceda a darte un servicio *pro bono*. Lo que quiero decir con esto es que muchas veces somos nosotras mismas las que nos limitamos y nos ponemos las barreras a la hora de tomar este tipo de decisiones. Está claro que las separaciones pueden derivar en situaciones complicadísimas. Pero si sientes que necesitas dar el paso, te animo a no desistir de buenas a primeras. Pregunta, aprende, muévete, busca ayuda.

Hoy en día, tenemos la suerte de contar con una herramienta muy potente al alcance de nuestras manos: internet. La mayoría de nosotras disponemos de conexión y en Google no te van a cobrar por hacer todas las consultas que quieras. Incluso puedes realizarlas a través de una ventana de incógnito, para que esas consultas no queden registradas en el historial de navegación, si eso te hace sentir más segura. Además, en internet no solo hay información, sino también grupos de apoyo y servicios de terapia online. Quizá no puedas fiarte ciegamente de todos los datos que encuentres ahí, pero es un gran lugar para empezar el cambio que necesitas.

En este sentido, las redes sociales también podrían serte útiles. Antes de tomar la decisión de divorciarme, yo en redes sociales solo consumía contenido de entretenimiento, *lifestyle*, viajes, belleza, moda, etc. Pero en realidad, el algoritmo te muestra aquello que considera de tu interés. Cuando empecé a buscar contenidos sobre relaciones de pareja sanas, copaternidad y salud mental, descubrí un nuevo mundo lleno de información de calidad y acompañamiento, que no solo me ayudó a comprender que no estaba sola, sino que también me inspiró para saber hacia dónde iba a virar mi contenido una vez estuviese divorciada.

No estás obligada a ver los temas que las redes sociales te proponen. En la franja inferior de la pantalla, tienes una lupita con la que puedes buscar exactamente la información que necesitas en cada momento de tu vida. Las redes sociales son mucho más que vídeos de *Get Ready With Me*. A mí, me sirvieron para cambiar poco a poco algunos hábitos que no me estaban ayudando y me hicieron repensar algunas concepciones que tenía sobre el matrimonio.

Antes de las redes sociales, el mejor ejemplo de matrimonio que yo había tenido cerca era el de mis abuelos, así que para mí un matrimonio era ver a mi abuela calladita mientras mi abuelo engendraba cuatro hijos ilegítimos. Si con algo bueno cuentan las redes es justamente que abren nuestro mundo y nos permiten adquirir nuevos referentes. Y si lo único que tú quieres es ver *hauls* de Zara sin parar, también estará bien, pero al menos tienes que saber que ahí fuera hay una gran cantidad de información gratuita y un montón de grandes profesionales (psicólogas, abogadas, asociaciones...) generando contenido muy valioso, que te puede ayudar, al menos, como punto de partida.

En mi caso, como yo tengo un perfil público y quería vivir todo este proceso a mi ritmo, decidí no contarle a nadie de mi entorno que me estaba divorciando. Solo lo sabíamos Torben, mi abogada y yo. Ni siquiera mi madre ni mis amigas más cercanas lo sospechaban. En parte, también tomé la decisión de no contarlo porque no podía dejar de sentirme culpable por lo que estaba pasando. Me sentía mal como persona y como madre. Creía que había fracasado, justo porque ya no podía más. Mi sensación era que todo lo que había hecho hasta ese momento no había servido para nada, porque, al final, mi matrimonio se había terminado rompiendo. De algún modo, seguía resistiéndome a que me ayudasen. Y supongo que por eso acabé encontrando la ayuda en lugares en los que jamás me la hubiese imaginado.

Como el estrés y la ansiedad me habían arrastrado a un mal estado de salud, más de una y dos veces durante todo este proceso tuve que visitar a mi médica de cabecera. Ella era la persona a la que le contaba todo lo que me dolía física y mentalmente. Y con tantas cosas encima, no le quedaba otra que pedirme que hiciese una reconstrucción de los hechos, para comprender por qué estaba como estaba. Siempre fue muy dulce conmigo y muy profesional. Nunca me hizo ningún comentario relacionado con mis redes sociales, así que no llegué a saber si ella tenía idea de quién era yo fuera de su consulta. Y eso, en parte, me ayudaba a bajar las defensas. La consulta se convirtió en mi confesionario, un lugar en el que podía desahogarme tranquilamente sin sentirme juzgada.

Al final, mi rutina en ese momento consistía en trabajar todo el día y llegar a casa a contestar mails de mi trabajo en redes y de mi abogada. Y la energía que había en casa en esos momentos estaba muy cargada, así que ir a mi médica de cabecera a hacer los controles rutinarios se convirtió en un pequeño respiro dentro de una rutina asfixiante. A ella podía contarle todo lo que me estaba pasando. Cuáles eran los pensamientos que me asaltaban cada noche y no me dejaban dormir. Y, de hecho, opino que es lo que hay que hacer, porque el único modo que tienes para que los profesionales de la salud puedan ayudarte es que les cuentes todo lo que te pasa. Si te asaltan pensamientos suicidas o tu pareja es violenta contigo, ese es el lugar para decirlo. Cuando se trata de contarle nuestra verdad a las personas correctas, no debemos sentir ninguna vergüenza, porque es ahí donde pueden empezar a ayudarnos. Decir mentiras o negar los hechos solo provoca que los médicos hagan un diagnóstico erróneo.

La consulta de tu médico, de tu psicólogo, de tu abogada, los centros de ayuda, los grupos de terapia…, esos son los lugares en los que debemos hablar, contar cómo nos sentimos de verdad. Y expresarlo sin sentirnos culpables, porque generalmente, en este tipo de situaciones, nosotras no somos las culpables de la situación que vivimos. Y es importante entender eso: tú no eres el problema, tú eres la solución. Porque en las relaciones heterosexuales pocas veces son los hombres los que se suelen informar y dar el primer paso para documentarse sobre el proceso y buscar la ayuda que necesitáis.

Así pues, en este estado de ansiedad y agotamiento, yo intentaba solucionar el tedioso papeleo. Una vez resuelto todo lo relacionado con el convenio, el siguiente punto de la lista sería contárselo a nuestras hijas. Pero eso vendría más adelante, cuando nosotros dos ya hubiésemos dado todos los pasos y estuviésemos separados. En esos momentos, como comprenderéis, en lo último en lo que pensaba era en publicar la noticia en mis redes sociales. Sobre todo, porque antes necesitaba acostumbrarme yo misma a la nueva situación y sentirme lo suficientemente segura para hacerlo. Para mí es algo lógico, pero, como siempre, hubo quien no estuvo de acuerdo con mi decisión.

Una vez que lo conté en redes, muchas personas me tacharon de mentirosa, porque decían que mientras yo estaba divorciándome en la vida real, en mis publicaciones seguíamos apareciendo como si fuésemos una familia perfecta. Yo no coincido para nada con esa opinión. Los contenidos que publicaba en el momento en el que me estaba divorciando eran, en muchas ocasiones, quejas acerca de cómo mi marido se comportaba en casa, con un tono sarcástico que, de algún modo, me ayudaba a hacerlo más llevadero. Puede que en las redes sociales no muestre todos los ángulos de mi vida, pero nunca miento.

Y es curioso, porque ahora, que sí hablo de mi realidad, de lo duro que resulta muchas veces ser madre soltera, de lo complicados que son algunos aspectos del divorcio y de la vida que se empieza después, hay muchísima gente que me pide que deje ya de hablar de estas cosas, que lo supere, que no me haga más la víctima. Lo que no creo que sepan esas personas es que a la vez que ellas me están mandando callar, hay muchísimas mujeres que se atreven por fin a ponerle nombre a las tristísimas situaciones que están viviendo y que encuentran en mí un espacio en el que poder contar su verdad. Y mientras eso siga pasando, yo no puedo parar, le pese a quien le pese.

No, divorciarse no es fácil. No es fácil sentir que estás tirando a la basura todo el sacrificio que has hecho durante diez años. No es fácil ver cómo la vida sigue, mientras la que tú habías construido para ti y para los tuyos se desmorona. Nada de todo esto resulta sencillo. Y yo en este libro lo único que puedo hacer es contarte mi historia con la esperanza de que te ayude. No puedo decirte qué deberías hacer, porque no conozco tu situación. Pero hay algo que tienes que saber: te mereces tomar las riendas de tu vida, así que, cuando lo necesites, mira hacia dentro. Y si una vez que lo has hecho te sientes satisfecha con tu vida, sigue así. Pero si, como yo, te das cuenta de que no puedes ni quieres vivir de esa manera durante el resto de tus días, que sepas que hay más opciones. Y para conocerlas es necesario dar el primer paso. Porque ese gesto es el que te impulsará a salir de ese lugar en el que ya no deseas estar.

Mi *checklist* de lecciones aprendidas:

- ☑ La vida no siempre es tan mágica como nos hacen creer los cuentos infantiles.
- ☑ Echar la vista atrás y conectar con nuestros recuerdos nos puede ayudar a entender quiénes somos ahora y quiénes queremos ser.
- ☑ Ni poniendo un océano de por medio podemos huir de nuestra historia (ni de la de nuestros padres). Lo que vivimos en nuestros primeros años condiciona para siempre nuestra manera de relacionarnos con el mundo y con los demás.
- ☑ No hay nada comparable a la sensación de estar luchando por lo que quieres y ser completamente libre.
- ☑ Las experiencias que vivimos son más divertidas y enriquecedoras cuando te sientes acompañada y rodeada de buenas personas.
- ☑ La vida puede pasar de ser la mejor comedia romántica a un drama en cuestión de segundos, ¡cuidado con los príncipes encantadores!
- ☑ Hay oportunidades inimaginables esperándonos a la vuelta de la esquina, así que confía. No es mentira que cuando una puerta se cierra se abre una ventana.
- ☑ A veces, nos empeñamos en hacer la vista gorda ante detalles y comportamientos que un día acabarán siendo decisivos. Es importante estar atenta a las señales y confiar en el instinto.
- ☑ La (buena) comunicación en pareja es un límite no negociable.

☑ Siempre te dicen el maravilloso regalo que es tener hijos, pero casi nadie habla del agotamiento, la incertidumbre y los juicios externos constantes que trae consigo la maternidad.

☑ Una relación sólida y duradera no son solo dos personas que se quieren, pues esto no será suficiente cuando la vida te ponga a prueba. Para capear cualquier temporal un matrimonio debe ser un equipo bien coordinado y para ello hay que hablar de logística, dinero y cosas prácticas.

☑ Las grandes decisiones de la vida no suelen tomarse a partir de una revelación, de un momento de lucidez en el que de repente lo entiendes todo y cortas por lo sano, sino que llevan tiempo; la decepción, el cansancio, las discusiones y la tristeza se acumulan y tu cuerpo empieza a mandar señales que no se deben ignorar.

☑ No es lo mismo estar enamorada de una persona que de una *idea* sobre una persona o de un proyecto de futuro.

☑ Nadie nos va a dar un premio por cargar con todo solas TODO EL TIEMPO. Es imprescindible aprender a delegar y echar mano de todos los recursos a tu disposición. Pedir ayuda no te hace débil, te hace humana.

☑ La gente critica, juzga y opina sin parar (y esto se intensifica en redes), pero la realidad es que en un proceso de divorcio nadie excepto las personas directamente involucradas conocen a ciencia cierta la realidad del proceso y el sufrimiento que implica.

9

El convenio

Lo único que sabía seguro cuando decidí divorciarme es que Torben se iría de España. Y tenía la certeza de ello porque era la única aportación clara que hacía en cualquiera de las conversaciones que mantuvimos antes de tomar la decisión definitiva. Si el matrimonio acababa, él iba a volver a Dinamarca. Y eso a mí me daba un miedo atroz, porque no sabía qué repercusiones podía llegar a tener en la vida de mis hijas y en la mía.

Por desgracia, todas estamos familiarizadas con casos de violencia vicaria. Historias de padres y madres que se fugan y se llevan a sus hijos con ellos, de personas que denuncian a sus exparejas por secuestro de menores, a veces sin que sea verdad, o que hacen cosas mucho peores. Cada día salen noticias relacionadas con la vulneración de derechos de los menores y el incumplimiento de acuerdos en divorcios internacionales.

En general, hay mucho enredo en torno a las custodias de menores. Y como yo en Barcelona estoy sola, me sentía completamente desprotegida. Si me llegaba a pasar una situación tan desagradable como la que tienen que vivir a diario muchas al entregar a sus hijos, ¿quién iba a defenderme? ¿Quién iba a ser testigo de lo que estaba pasando? Mi ansiedad me hacía darle muchas vueltas a este tipo de situaciones terribles, esas realidades alternativas en las que a Torben se le iba la pinza y se convertía en una persona perversa.

Ante todas esas posibles tesituras que podían llegar a complicarnos mucho la vida a mis hijas y a mí, el convenio era y es una herramienta imprescindible que nos da garantías legales, a Torben y a mí, de que el bienestar de mis hijas siempre va a estar por encima de todo, por más que nosotros dos hagamos vidas separadas. Y por eso, mi principal preocupación fue siempre que Torben y yo firmásemos un convenio antes de que él se fuese de España.

Creo que muy poca gente sabe realmente lo que significa un convenio. Las personas que no han tenido que pasar nunca por ahí piensan que se trata de un documento que dice con quién van a pasar las vacaciones de Navidad y de verano los niños. La realidad es que en este contrato se estipulan muchísimas cosas más. Por ejemplo, cómo se van a repartir los gastos relacionados con los niños o qué pasa en el caso de que uno de los dos progenitores muera o quede impedido. En el convenio se incluyen tantos temas y posibles situaciones como ambos progenitores consideren necesarios.

Se supone que el convenio es un documento que se confecciona entre ambas partes, pero en mi caso en concreto, fuimos mi abogada y yo las que nos encargamos de elaborarlo. De hecho, Torben no tuvo abogado ni tampoco pidió involucrarse en ningún momento de este proceso. Una vez estuvo hecho y yo ya había dado mi visto bueno, se le dio la oportunidad de que lo revisara y presentara una contrapropuesta en caso de que lo considerara necesario. Pero su única preocupación fue el tema económico. Hizo que se añadiera una cláusula para que la manutención, es decir, el dinero con el que contribuye a la crianza de sus hijas, aumentase siempre acorde a sus ingresos y con un límite que no se pudiese superar. Por mi parte, todo lo que incluí en el convenio fue pensando primero en el bienestar de nuestras hijas. En ningún momento me preocupé de cosas como si me convenía o me apetecía más que estuvieran las navidades conmigo. Y por supuesto, no se me pasó por la cabeza incluir ningún término que pudiese perjudicar en nada a Torben ni su decisión de irse de España. Nuestro convenio fue creado desde la buena voluntad de ambos. Algo que, por desgracia, no todas las personas divorciadas pueden decir. Por ejemplo, hay convenios que no permiten que la madre se mude a otra parte. Imagínate que estás en esa situación y consigues trabajo en una ciudad distinta. Y lo peor es que en muchos casos, esas cláusulas no se hacen en beneficio de los menores, sino porque al padre le es más cómodo que su hijo permanezca cerca y no tener que desplazarse para visitarlo. Y digo padre, porque en la mayoría de los casos es el padre quien pone esta clase de condiciones, pero está claro que hay circunstancias de todo tipo.

En realidad, el convenio es solo un papel y siempre cabe la posibilidad de que, una vez firmado, cualquiera de las partes se lo salte. Pero al menos, así tienes una garantía legal y si quieres reclamarlo, puedes hacerlo ante un juzgado. Las palabras se las puede llevar el viento en cualquier momento. Y a mí me resulta difícil creer que una persona que ha incumplido su palabra repetidamente cuando estaba casada, de repente empiece a cumplir todos los compromisos que habéis pactado de viva voz sin rechistar. Hoy puede ser una cosa y mañana otra. Pero el convenio es el que es. Y si se quiere reflejar algunos cambios, hay que hacerlos pasando por un proceso que implica a las dos partes, no solo a la voluntad del padre o de la madre. Este será tu escudo y tu protección, en el supuesto de que alguna vez lo necesites.

En nuestro caso particular, por más que Torben se fuese a Dinamarca, nuestras hijas tienen toda su vida en Barcelona, así que decidimos que lo mejor para todos era que yo ejerciera la custodia completa. Pero no confundamos términos: que yo disponga del cien por cien de la custodia no significa que yo pueda hacer lo que quiera con mis hijas. Ellas tienen derecho a ver a su padre y su padre sigue teniendo derecho a tomar decisiones sobre la vida de sus hijas conmigo, al menos hasta que las niñas puedan tomarlas por sí mismas. Y eso a veces puede resultar incómodo o complicado; pese a ello, la realidad es que por más que nosotros ya no formemos pareja, Torben y yo siempre seremos el padre y la madre de Ava y Olivia. Esto implica que yo tendré que establecer algún tipo de relación con mi exmarido durante toda la vida. A la Angie mujer esto puede molestarle, pero para la Angie madre es importantísimo que sus hijas disfruten de la mejor vida posible. Y para ello, su padre debe estar presente en sus vidas.

Eso sí, el convenio no debería resultar una tortura para ninguno de los progenitores. Si para ti ver a tu pareja puede suponer un peligro o crees que lo puede ser para tus hijos, este documento puede convertirse en una buena forma de protegerte, ya que en él puedes estipular que los intercambios se hagan sin que os tengáis que ver físicamente o que en las visitas siempre haya una tercera persona presente. Lo que no debería permitir nunca un convenio es que tu vida esté a merced de las decisiones (buenas o malas) que tome tu expareja.

En este sentido, lo mejor es concretar las condiciones lo más claro que se pueda. Por ejemplo, puedes acordar el día y hora en que se realizan los intercambios. E incluso decir que, si no se cumple la hora de llegada, tú no estás obligada a esperar en el punto de encuentro hasta que aparezca. Porque la incertidumbre y el tener que permanecer siempre pendiente de que tu pareja haga lo que le dé la gana es, al final, una forma de mantenerte enganchada a una relación que ya no existe. El único vínculo que queda entre vosotros es la crianza.

Eso no significa que tras el divorcio ya no debas hacer ningún sacrificio más. Por más que tu expareja sea una buena persona, lo más probable es que tengas que seguir sacrificándote, sobre todo pensando en tus hijos. En mi caso, para que las cosas vayan lo mejor posible, doy muchísimo mi brazo a torcer y me muerdo la lengua en bastantes ocasiones. Porque mis hijas quieren a su padre y yo deseo que continúen haciéndolo.

Uno de mis mayores sacrificios ha sido, sin duda, permitir que Torben duerma en mi casa tras el divorcio. Lo he hecho para que viajar a Barcelona a ver a sus hijas no le suponga un coste tan alto. Eso sí, duerme en el sofá. Durante este último año, esa ha sido la forma que he encontrado de garantizar que Ava y Olivia puedan pasar más tiempo con su padre. Y además, también ha permitido que yo pudiese aceptar trabajos fuera de casa, como el podcast para el que tenía que viajar a Madrid durante semanas enteras para las grabaciones, o cuando me han surgido colaboraciones con marcas que me invitaban a viajes.

Es cierto que tener a Torben en casa justo después de divorciarnos es incómodo, pero yo no dispongo de nadie en Barcelona que se pueda hacer cargo de mis hijas sin que eso suponga un gasto desorbitado en niñeras. Él viene, se queda con sus hijas, las disfruta y yo me puedo ir a trabajar y a ganar dinero para seguir manteniéndolas. Y hasta ahora, eso ha sido lo que nos ha funcionado. Pero no es una norma: a cada familia le va a encajar algo totalmente diferente. Esta es la fórmula que hemos encontrado nosotros en este momento. Y mientras se cumplan los límites que hemos puesto y el respeto prevalezca entre nosotros, yo no le veo el problema. Porque lo que seguro que no dice ningún convenio del mundo es que tengas que llevarte mal y estar siempre enfadada con tu expareja.

El día que Torben y yo firmamos nuestro convenio en el juzgado fue muy duro. Creo que fue ahí cuando él se dio cuenta realmente de que la decisión estaba tomada y ya no había vuelta atrás. Ese fue el día en el que terminó definitivamente nuestro matrimonio y empezó una nueva relación entre ambos. Una en la que ya no éramos nosotros, sino tú y yo, papá y mamá. Nada más. Nuestro convenio tiene una cláusula pequeña que recoge que cualquier modificación sobre este documento deberá ser negociada por los dos progenitores, siempre en conveniencia de las dos menores. Y así será, al menos por mi parte, que es la que puedo garantizar.

Después de vivir mi divorcio y de oír las historias de muchas otras mujeres, me he preguntado unas cuantas veces por qué para tantos padres es tan fácil desvincularse de sus hijos una vez terminada la relación. No solo se separan de su mujer, sino también de sus hijos. Yo he llegado a la conclusión de que el embarazo y el cambio físico y mental que este supone en nosotras guarda cierta relación con esto. Ellos no han llevado a sus hijos dentro, no conocen la sensación de saber que la única persona que puede protegerlos eres tú misma, tu cuerpo.

En cualquier caso, ellos siguen siendo los padres. Torben continúa siendo el padre de Ava y Olivia. Y espero que la distancia, por muy grande que sea, no cambie nunca ese hecho.

Mi *checklist* de lecciones aprendidas:

☑ La vida no siempre es tan mágica como nos hacen creer los cuentos infantiles.

☑ Echar la vista atrás y conectar con nuestros recuerdos nos puede ayudar a entender quiénes somos ahora y quiénes queremos ser.

☑ Ni poniendo un océano de por medio podemos huir de nuestra historia (ni de la de nuestros padres). Lo que vivimos en nuestros primeros años condiciona para siempre nuestra manera de relacionarnos con el mundo y con los demás.

☑ No hay nada comparable a la sensación de estar luchando por lo que quieres y ser completamente libre.

☑ Las experiencias que vivimos son más divertidas y enriquecedoras cuando te sientes acompañada y rodeada de buenas personas.

☑ La vida puede pasar de ser la mejor comedia romántica a un drama en cuestión de segundos, ¡cuidado con los príncipes encantadores!

☑ Hay oportunidades inimaginables esperándonos a la vuelta de la esquina, así que confía. No es mentira que cuando una puerta se cierra se abre una ventana.

☑ A veces, nos empeñamos en hacer la vista gorda ante detalles y comportamientos que un día acabarán siendo decisivos. Es importante estar atenta a las señales y confiar en el instinto.

☑ La (buena) comunicación en pareja es un límite no negociable.

- ☑ Siempre te dicen el maravilloso regalo que es tener hijos, pero casi nadie habla del agotamiento, la incertidumbre y los juicios externos constantes que trae consigo la maternidad.

- ☑ Una relación sólida y duradera no son solo dos personas que se quieren, pues esto no será suficiente cuando la vida te ponga a prueba. Para capear cualquier temporal un matrimonio debe ser un equipo bien coordinado y para ello hay que hablar de logística, dinero y cosas prácticas.

- ☑ Las grandes decisiones de la vida no suelen tomarse a partir de una revelación, de un momento de lucidez en el que de repente lo entiendes todo y cortas por lo sano, sino que llevan tiempo; la decepción, el cansancio, las discusiones y la tristeza se acumulan y tu cuerpo empieza a mandar señales que no se deben ignorar.

- ☑ No es lo mismo estar enamorada de una persona que de una *idea* sobre una persona o de un proyecto de futuro.

- ☑ Nadie nos va a dar un premio por cargar con todo solas TODO EL TIEMPO. Es imprescindible aprender a delegar y echar mano de todos los recursos a tu disposición. Pedir ayuda no te hace débil, te hace humana.

- ☑ La gente critica, juzga y opina sin parar (y esto se intensifica en redes), pero la realidad es que en un proceso de divorcio nadie excepto las personas directamente involucradas conocen a ciencia cierta la realidad del proceso y el sufrimiento que implica.

☑ Las palabras se las lleva el viento, por eso el convenio es una poderosísima herramienta legal que recoge en detalle cualquier tema relacionado con asegurar el bienestar de los hijos en un proceso de divorcio.

10

Decírselo a las niñas

Ava y Olivia son el resultado de lo que Torben y yo éramos. Nacieron del amor que sentíamos el uno por el otro. Comunicarles a ellas, que son fruto de este vínculo, que habíamos decidido romperlo suponía un paso doloroso pero necesario. Para mí era muy importante hablar bien de este tema con las niñas, porque al final, nuestra decisión iba a impactar directamente en la forma en la que ellas vivían. La relación que tienen papá y mamá significa mucho para los niños, no solo ahora, sino también en el futuro. Y después de todo lo que yo había vivido de pequeña con mis padres, me parecía importante dar este paso con mucha responsabilidad.

Tener este tipo de conversaciones nunca apetece, pero hay que hacerlo, porque lo contrario sería una falta de respeto para nuestras hijas, que no pueden participar de las decisiones que su padre y su madre toman, aunque se vean afectadas por ellas. Nadie está preparado para afrontar un momento así, pero por suerte y como ya hemos comentado en el capítulo anterior, en internet hay muchísima información y recursos sobre cómo hablar con tus hijos de tu divorcio. Y en mi caso, también fue muy importante el apoyo de la terapeuta que empecé a ver en el PIAD y del grupo de inteligencia emocional que organizaba la Seguridad Social y al que empecé a asistir. Más adelante os explico mejor cómo me ayudaron estos recursos.

Antes de contárselo a ellas, para mí era fundamental haber gestionado ya el divorcio a nivel legal y tener la mayor cantidad de información posible sobre cómo íbamos a vivir a partir de ese momento. Cuando yo era pequeña, mi madre me dijo más de una vez que mi padre se iba de casa y dos semanas más tarde, volvía a vivir allí. Eso me generaba muchísima confusión y ansiedad, porque nunca tenía la certeza de lo que iba a pasar. Yo no quería repetir esa situación con mis hijas. No quería sentarme con ellas sin poder responder a sus dudas. Así que esperamos a tener el convenio firmado y a saber el momento exacto en el que Torben se iba a marchar de Barcelona. Solo de esa manera podríamos transmitirles una sensación de seguridad y mitigar un poco la sacudida que todo esto iba a suponer para ellas.

Esa es justamente una de las principales recomendaciones que hacen los expertos en el tema: explicarles lo que va a significar la separación dando detalles concretos. Dónde va a vivir mamá, dónde va a vivir papá, dónde van a estar los niños, y siempre, ser lo más honestos que se pueda. En estas situaciones, a veces es muy difícil conocer todas las respuestas, sobre todo si tú misma todavía estás sumida en un océano de preguntas, pero cuando se lo vayas a comunicar, estaría bien que al menos tengas claro cómo van a ser los próximos meses. Y por supuesto, actuar en consecuencia. Si hemos dicho que nos separamos, no podemos dormir juntos y no podemos comportarnos como lo haría una pareja, porque ya no lo somos. Aunque eso no significa que nuestros hijos nos tengan que ver enfadados y enfrentados.

Al final, cada familia tiene que construir su propia realidad. Hay personas que me escriben en redes sociales diciendo que esto de que Torben y yo pasemos tiempo en familia con Ava y Olivia las va a confundir. Pero yo sé que mis hijas no se confunden, precisamente porque les hemos explicado con todo detalle lo que significa que papá y mamá estén separados. Papá y mamá ya no son novios, no se dan besos en la boca ni duermen en la misma habitación. Ava y Olivia tenían cuatro y dos años respectivamente cuando nosotros nos separamos y está claro que no es fácil hacer comprender este tipo de cosas a niñas tan pequeñas, pero no debemos subestimarlas, porque entienden mucho más de lo que nos imaginamos.

Llegó el día de decírselo a las niñas. Uno de esos días que nunca olvidas. Durante todo el proceso de divorcio, la que había llevado el timón era yo y en este momento no iba a ser diferente. Era fin de semana. Torben ya tenía sus billetes y quedaban unas pocas semanas para que se fuese definitivamente, así que decidimos que era un buen momento para tener la conversación. Recuerdo que Torben se encontraba en el sofá y Ava y Olivia estaban jugando por la casa.

Entonces, las avisamos de que mamá y papá tenían algo que decirles. Ava, Torben y yo estábamos sentados en el sofá y Olivia se hallaba a nuestro lado, todavía jugando. Ella no entendía tanto lo que estaba pasando, pero, aun así, sabíamos que su presencia era importante. Y fue entonces cuando les explicamos que mamá y papá se separaban, que ya no íbamos a estar casados. Que ellas y yo seguiríamos viviendo juntas en Barcelona y que papá, a partir de ese momento, viviría en Dinamarca.

El mensaje principal se centraba en que, aunque mamá y papá ya no estarían juntos e iban a cambiar algunas cosas importantes, mamá y papá siempre serán mamá y papá. Ava y Olivia siempre podrán hablar con papá. Siempre podrán contar con los dos. Porque siempre seremos familia. Y eso no va a cambiar, pese a la distancia. Al final, queríamos transmitirles que nada de lo que haya pasado entre Torben y yo iba a cambiar lo mucho que las queremos a las dos.

Es importante decírselo con los términos correctos, sin usar eufemismos o inventarse palabras nuevas. Casa, separación, casados, divorcio. Puede que en un primer momento no lo entiendan, pero enseguida preguntarán aquello que no tengan claro. Olivia era demasiado pequeña, pero Ava ya sabía lo que era una boda, porque había visto fotos de la nuestra. Si puede comprender qué es estar casado, puede asimilar qué es un divorcio. Y si preguntan el porqué, también hay que aclarárselo lo mejor que podamos. No hace falta entrar en reproches ni en discusiones concretas, pero hay que explicarles que hay algunas cosas en las que mamá y papá no están de acuerdo. Sin bombardearles ni adentrarnos en ideas de futuro que ellos todavía no son capaces de comprender.

Nuestra separación no incluía a otras personas en la ecuación, así que no tocamos ese tema, porque mientras no haya nuevas parejas, no hace falta crear inquietudes basadas en aspectos imaginarios. En el caso de que nos hubiesen preguntado si mamá o papá tendrían otros novios, les hubiésemos contestado que ahora mismo no, y que, en todo caso, si eso llegaba a pasar, no cambiaría en ningún momento que mamá sea mamá y papá sea papá.

También es importante que los niños tengan claro dónde van a vivir. Hay situaciones en las que ellos, de repente, pasan a vivir en dos casas, la de mamá y la de papá, o se mudan a la casa de los abuelos con uno de los padres. Y eso puede generarles dudas sobre dónde estarán sus objetos más preciados, sus juguetes, su ropa, porque, al final, ese es su mundo. Si conoces estos detalles, dáselos. En nuestro caso, Ava y Olivia iban a seguir viviendo en la misma casa, yendo al mismo cole y el cambio más grande era que papá se iba a vivir a otro país.

Otro aspecto que hay que considerar es que, según la edad de tus hijos, quizá todavía no tengan una conciencia completa del tiempo. En ese caso, mejor no hablar de que nos separamos en un mes o dentro de seis semanas, porque les costará hacerse a la idea y les generará impaciencia. Precisamente por eso, decidimos decírselo cuando ya quedaba muy poco tiempo para que Torben se mudase definitivamente y nuestra realidad cambiase. A nosotros una cosa que nos ayuda mucho en este sentido es tener un calendario en el que marcamos los días que Torben viene y se va de forma gráfica. Así, ellas pueden ir tachando los días que pasan y comprenden mejor si queda mucho o poco tiempo para reencontrarse con su padre. Porque al final, la mayor inquietud que se generó en ellas fue cuándo se iba a ir Torben y cuándo lo volverían a ver.

Empecé hablando yo y, casi al instante, Ava se puso a llorar. Eso era algo que entraba dentro de lo previsto. Lo que no me esperaba es que Torben también se iba a derrumbar en medio de la conversación. Y la verdad es que eso me hizo sentir muy culpable. En ese momento, me hubiese gustado que Torben hubiese podido contenerse para darle una sensación de más seguridad y tranquilidad a las niñas, pero entiendo que las emociones no eligen cuándo salir y él no había mostrado cómo se sentía en todo el proceso, así que ese día, simplemente, no pudo evitarlo.

Una vez más, yo era la única persona al volante y debía mantenerme fuerte por todos. Aquello me hizo sentir muy frustrada, porque yo también me encontraba muy triste, pero como estaba procurando mostrarme serena, daba la sensación de que a mí no me importara tanto, que haber llegado hasta ese punto era única y exclusivamente culpa mía y los demás solo eran víctimas de los estragos que yo había provocado con mi decisión. Me pareció muy injusto.

Fue muy duro ver a Torben así. Era la primera vez en diez años que lo veía tan abatido. Imaginad la situación: Ava y Torben llorando desconsoladamente y yo mirándolos y pensando que tenía que sacarlos de ahí, porque no podíamos quedarnos instalados para siempre en esa tristeza tan profunda. Una vez más, fui yo quien tuve que acompañar a los demás y sacar el barco a flote. Finalizó con una conversación breve, pero muy intensa.

Durante el divorcio, poco a poco vas tomando conciencia de lo que supone esta nueva realidad. Pero sin duda, el momento más crudo y que te hace un clic más fuerte es cuando se los dices a tus hijos. Porque a partir de ese momento, ya no hay vuelta atrás. Y como yo hice todo este proceso sola, me sirvió como un ensayo para exponérselo al resto de mi familia y a mis amistades. Nada podría ser nunca tan doloroso como contárselo a Ava y a Olivia. Y eso que comunicárselo a mi madre tampoco resultó nada fácil, pero ni mucho menos fue igual. Supuso un momento intenso, pero muy fugaz. La idea de decírselo me había pesado tanto en la cabeza que cuando lo hicimos pasó muy rápido. En parte, porque después de dar la noticia no nos quedamos sentados, soportando el duelo. No. Intentamos continuar con nuestra vida lo mejor que pudimos. Hasta la partida de Torben, seguimos con la misma rutina. Ava y Olivia no lo sintieron tanto, porque no dejaron de estar con nosotros, ni dejaron de recibir el mismo cariño de siempre. En general, lo hicimos todo lo mejor que pudimos. Y así fue como salió.

Mi *checklist* de lecciones aprendidas:

☑ La vida no siempre es tan mágica como nos hacen creer los cuentos infantiles.

☑ Echar la vista atrás y conectar con nuestros recuerdos nos puede ayudar a entender quiénes somos ahora y quiénes queremos ser.

☑ Ni poniendo un océano de por medio podemos huir de nuestra historia (ni de la de nuestros padres). Lo que vivimos en nuestros primeros años condiciona para siempre nuestra manera de relacionarnos con el mundo y con los demás.

☑ No hay nada comparable a la sensación de estar luchando por lo que quieres y ser completamente libre.

☑ Las experiencias que vivimos son más divertidas y enriquecedoras cuando te sientes acompañada y rodeada de buenas personas.

☑ La vida puede pasar de ser la mejor comedia romántica a un drama en cuestión de segundos, ¡cuidado con los príncipes encantadores!

☑ Hay oportunidades inimaginables esperándonos a la vuelta de la esquina, así que confía. No es mentira que cuando una puerta se cierra se abre una ventana.

☑ A veces, nos empeñamos en hacer la vista gorda ante detalles y comportamientos que un día acabarán siendo decisivos. Es importante estar atenta a las señales y confiar en el instinto.

☑ La (buena) comunicación en pareja es un límite no negociable.

☑️ Siempre te dicen el maravilloso regalo que es tener hijos, pero casi nadie habla del agotamiento, la incertidumbre y los juicios externos constantes que trae consigo la maternidad.

☑️ Una relación sólida y duradera no son solo dos personas que se quieren, pues esto no será suficiente cuando la vida te ponga a prueba. Para capear cualquier temporal un matrimonio debe ser un equipo bien coordinado y para ello hay que hablar de logística, dinero y cosas prácticas.

☑️ Las grandes decisiones de la vida no suelen tomarse a partir de una revelación, de un momento de lucidez en el que de repente lo entiendes todo y cortas por lo sano, sino que llevan tiempo; la decepción, el cansancio, las discusiones y la tristeza se acumulan y tu cuerpo empieza a mandar señales que no se deben ignorar.

☑️ No es lo mismo estar enamorada de una persona que de una *idea* sobre una persona o de un proyecto de futuro.

☑️ Nadie nos va a dar un premio por cargar con todo solas TODO EL TIEMPO. Es imprescindible aprender a delegar y echar mano de todos los recursos a tu disposición. Pedir ayuda no te hace débil, te hace humana.

☑️ La gente critica, juzga y opina sin parar (y esto se intensifica en redes), pero la realidad es que en un proceso de divorcio nadie excepto las personas directamente involucradas conocen a ciencia cierta la realidad del proceso y el sufrimiento que implica.

- ☑ Las palabras se las lleva el viento, por eso el convenio es una poderosísima herramienta legal que recoge en detalle cualquier tema relacionado con asegurar el bienestar de los hijos en un proceso de divorcio.

- ☑ Explicar el divorcio a los más pequeños nunca es plato de buen gusto, pero es fundamental hacerlo con claridad, honestidad y firmeza. Merecen sentirse parte de lo que está pasando y tener los detalles de cómo será el futuro para ellos.

- ☑ Una vez que se ha mantenido la conversación con los hijos, ninguna conversación con el resto de la gente será tan difícil y dolorosa; es un trance por el que hay que pasar para poder seguir.

11

El adiós

Con mi divorcio, le dije adiós a Torben, pero no solo a él. También me despedí de lo que se suponía que era lo mejor para mí, de aquello que «tenía que» ser mi vida y, en definitiva, de todo un sistema de creencias que me había acompañado siempre, de una parte de mi identidad y de la vida tal y como la conocía hasta entonces. Al final, una separación de pareja conlleva un duelo porque, por más que la muerte no esté de por medio, estás perdiendo a una persona. En la RAE, la primera acepción de *duelo* es «dolor, lástima, aflicción o sentimiento». De hecho, la psicología categoriza muchos tipos de duelos y no todos ellos implican la existencia de muerte. Aunque, pensándolo bien, con mi divorcio murieron muchas cosas. Murió mi relación y, con ella, esa conexión bonita y pura que tenía con Torben al inicio. Para mí, separarme supuso la muerte de los sueños compartidos, de todas esas ideas que comentábamos en la cama, de nuestros planes de futuro, de cómo me imaginaba nuestra vejez, de las cosas que pensaba que algún día haría a su lado y que, hasta ese momento, nunca creí que tendría que vivir sola. Y eso duele, vaya si duele.

A día de hoy, decirle adiós a Torben, darle un abrazo y desearle un buen viaje ya no me cuesta. Pero la primera vez fue muy difícil, porque me despedí sabiendo que la próxima vez que viniera sería solo de visita. De repente, debía enfrentarme a la crianza de mis hijas yo sola, sin tener a nadie a mi lado en el día a día. El primer adiós fue, sin duda, el que más costó. Porque era dar la bienvenida a una vida completamente nueva, que no tenía ni la más remota idea de si iba a salir bien. A partir de ese momento, en Barcelona estábamos Ava, Olivia y yo. Nadie más. Y esa sensación de soledad impresiona mucho al principio, pero a todo te acostumbras y cada vez va costando menos.

Puede que en este momento algunas de vosotras penséis: «¡Pero si fuiste tú la que tomaste la decisión!». Sí, es verdad. Y si lo hice fue porque solo tenía dos opciones: decirle adiós a un matrimonio que no estaba satisfaciendo mis expectativas vitales o despedirme para siempre de mi paz y de mi salud mental. Yo escogí la primera opción porque sabía que era la mejor para mí. Pero eso no me libró de experimentar una desilusión muy grande. Nadie se casa pensando que algún día tendrá que separarse.

En realidad, la despedida es algo que empieza mucho antes de tomar la decisión de divorciarte. Si has llegado hasta este capítulo, sabes de primera mano que estuve muchos años intentando que las cosas funcionaran mejor. No es que un día me pillase un rebote y, de repente, me diese por divorciarme. No. Supuso un desgaste lento y doloroso durante un largo periodo en el que fui decepcionándome y despidiéndome de muchos de los deseos que albergaba y que acabó llevándome a un punto de no retorno, donde la única solución que encontré fue el adiós definitivo.

Cada uno tiene su propia forma de manejar el duelo. Yo he requerido tiempo, terapia y permitirme que las emociones salgan siempre que lo necesiten y en la forma que necesiten. Escucharme, para permanecer consciente de dónde estoy en cada momento y ser compasiva conmigo misma. Sé que hay personas que no pasan por este proceso y que dicen superarlo mucho más rápido. Yo me alegro de que así sea, pero también deseo que resulte verdad, que lo hayan gestionado bien y que no signifique que, en realidad, están cerrándose, dejando de escucharse y siguiendo su vida sin analizarse, sin pensar en ellas mismas y en cómo hacer para no volver a caer una y otra vez en la misma situación. Si crees que, como yo, tú también vas a necesitar ayuda terapéutica, dentro de dos capítulos hablaremos más largo y tendido sobre ello.

Sin duda, la forma en la que yo he vivido mi proceso de duelo tiene mucho que ver con que mi adiós se ha convertido en un hasta luego. Yo no he podido establecer contacto cero con Torben, porque, aunque es lo que me gustaría hacer como mujer, como madre debo seguir manteniendo trato con él. Yo tengo dos hijas que son suyas también y ellas necesitan a su padre, a su figura paterna. Eso hace que haya sido un proceso de despedida lleno de altibajos y que las heridas hayan tardado más en cerrar.

Mientras escribo este libro, me he visto también inmersa en un proceso de mudanza, que he ido compartiendo en mis redes sociales. Ha sido un momento realmente duro, porque durante la recogida y limpieza me topé con un montón de cosas de las que ya no me acordaba y que tenían un significado muy especial cuando Torben y yo estábamos juntos. En un cajón debajo de la cama, encontré una colección de fotografías de nuestros viajes, que yo había impreso para que decoraran el espacio en el que celebramos nuestra boda de República Dominicana. Volver a ver esas fotos me hizo reconectar con todos esos deseos y sueños que tenía cuando me casé y que, al final, acabaron truncados. No pude evitar llorar. Y parece que eso sea algo que a la gente le moleste.

Hay personas que no dejan de comentarme en redes que lo supere, que deje ya de llorar. Pero la verdad es que no entiendo por qué debería parar ni por qué llorar significa que no lo he superado. Si tenemos emociones es para algo más que para criticarlas u ocultarlas. Está bien que sintamos las cosas. Está bien emocionarse y permitirse llorar. Agradecer que hemos vivido momentos preciosos juntos, aunque esa no sea nuestra realidad actual. Expresar nuestras emociones no nos hace más débiles. No nos convierte en víctimas. Si logramos identificar esas emociones y entender por qué nos estamos sintiendo así, podremos seguir adelante con más fortaleza. Permitirnos sentir es una muestra de inteligencia emocional. Y eso es algo que deberíamos aprender y enseñar a nuestros niños.

En el momento del adiós definitivo, es importante que te despidas siendo consciente de que ya no hay vuelta atrás. Si es adiós, es adiós. Lo peor que podrías hacer es perder tu coherencia, sobre todo si tienes niños. Esto no solo lo digo desde mi faceta de madre que ha pasado por un divorcio, sino también como hija que sufrió las idas y venidas constantes de sus padres. Si dices adiós, ese adiós tiene que ser de verdad. Al menos como pareja, porque está claro que como padres deberéis compartir todavía muchos espacios.

Otra de las cosas de las que te despides cuando pasas por un proceso de divorcio es del ideal que tenías del matrimonio. Si tú a día de hoy me preguntas qué opino del matrimonio, te diré que no me parece tan necesario como cuando me casé. Creo que en la actualidad hay multitud de opciones para poder disfrutar de una relación de pareja sin tener que pasar necesariamente por la convivencia que, de hecho, creo que es lo que más pereza me da ahora mismo. Disfrutamos de lo bonito, de la compañía, de los planes juntos y luego, cada uno a su casa. Yo no me veo de nuevo haciendo de chacha de un hombre. Y si cuando estéis leyendo esto resulta que yo vuelvo a estar casada, debéis saber que me he topado con una persona excepcional en todos los sentidos, porque cambiarme esta visión no tiene que haber sido nada, pero que nada, fácil.

Ava y Olivia también se han visto obligadas a experimentar su propio duelo. Se han tenido que acostumbrar a ver a Torben casi siempre a través de una pantalla y, en contadas ocasiones, en persona. Pero me doy cuenta de que a su vez están mucho más relajadas que antes de que nos separásemos. En los últimos años en los que Torben y yo convivimos, se peleaban más entre ellas, gritaban más y estaban mucho más irascibles. Y eso al final hace que entres en un círculo vicioso, porque tú no te encuentras bien y en consecuencia, tus hijas tampoco, y como tus hijas no están bien, tú estás peor. La dinámica que tenemos ahora entre nosotras tres es mucho más sana. Y no solo lo noto yo, sino también las personas de nuestro entorno. A ellas se las ve más felices. Y no es porque nos hayamos separado, sino porque sus padres están mejor. Y sobre todo yo, que al final soy la que pasa la mayor parte del tiempo con ellas. Yo estoy contenta con mi pisito nuevo. Es más pequeño que el anterior, pero está a mi gusto. Ahora se encuentra un poco más lejos de la escuela que antes, pero aprovechamos el trayecto para compartir más tiempo juntas y nos reímos mucho. A veces tenemos que correr un poco, pero no pasa nada. Al final, todo se ve de otra forma cuando te sientes bien y sabes que estás tomando el camino correcto. Y me alegra ver que ese bienestar también acaba reflejándose en el estado de ánimo de mis hijas. Aunque antes de llegar hasta aquí, hemos tenido que pasar por momentos muy duros, donde la tristeza y la angustia han acabado convirtiéndose en enfermedad.

Cuando llegó la hora de que Torben se fuera, resultó que al final no se iba a Dinamarca. Al menos, no inmediatamente. Le salió una colaboración con un hotel en Fuerteventura y decidió tomarse unas vacaciones pagadas, mientras yo me rompía la cabeza para saber cómo me las apañaría con dos niñas pequeñas y sin nadie a mi lado. En un primer momento, el acuerdo al que habíamos llegado es que si venía a Barcelona no se alojaría en mi casa, para no caer en rutinas antiguas o hacer nuestro proceso de despedida más difícil.

Pero justo en las primeras semanas de nuestra nueva vida, pasó algo con lo que yo no contaba para nada. Un día, estábamos mis hijas y yo de paseo, cuando Ava empezó a quejarse mucho. Yo pensé que simplemente se sentía cansada y la puse en el cochecito. Por la noche, empezó a decir que le dolía la rodilla, pero en ese momento no noté nada raro y nos fuimos a dormir. De repente, a medianoche, oigo a Ava gritar desde su habitación. Me dice que no puede moverse. Y cuando le quito las sábanas que la cubren, veo que tiene la rodilla tan hinchada que triplica su tamaño habitual. Llamé inmediatamente al 112 y a las tres de la mañana, Ava, Olivia y yo estábamos metidas en una ambulancia, de camino al hospital.

Fueron unos días de muchos nervios. Los médicos no dieron con el diagnóstico a la primera y tuvieron que hacerle muchísimas pruebas hasta darse cuenta de que Ava padecía una púrpura de Henoch-Schönlein, una respuesta anormal del sistema inmunitario que hace que se inflamen los vasos sanguíneos de distintas partes del cuerpo, como las articulaciones y los riñones, entre otros. En resumidas cuentas, se trata de una enfermedad algo complicada, que suele afectar sobre todo en la infancia y que, en algunos casos, puede dejar secuelas permanentes en algunos órganos del cuerpo. En el caso de Ava, esta enfermedad le afectó principalmente a los riñones. Tenía los marcadores de las analíticas de sangre completamente disparados.

Avisé a Torben de lo que estaba pasando tan rápido como pude. Según él mismo me contó, se compró unos billetes para volver a Barcelona al momento. Pero entonces, me pidió si se podía alojar en mi casa, porque, según él, los alojamientos en Barcelona eran demasiado caros. Yo le dije que justo acabábamos de acordar que no conviviríamos en la misma casa y que no tenía sentido que a la primera de cambio deshiciésemos uno de los acuerdos que habíamos establecido. Su respuesta fue que, si no se podía quedar en mi casa, él no iba a Barcelona. Y como en ese momento no estaba para insistir ni para discutir, así quedó la cosa. Olivia y yo durmiendo en el suelo del hospital para estar al lado de Ava y Torben en Fuerteventura, poniéndose moreno y colgando fotos en sus redes de paisajes espectaculares. Luego todavía venía de vez en cuando diciéndome que nos echaba de menos y que quería volver. Por eso, siempre insisto en que el amor de verdad no se demuestra con palabras, sino con hechos.

Cuando a Ava le pasó esto, recordé que una de las tantas veces que mi padre se fue de casa (esa vez en concreto, se había ido a pasar una temporada a Nueva York), a mí me dio un ataque de asma tan fuerte que me tuvieron que ingresar en el hospital, igual que le pasó a Ava. Los niños no disponen de tantas herramientas como los adultos para expresar y manifestar su malestar ante este tipo de situaciones. Y por eso, supongo que las emociones acaban saliendo a través de enfermedades. Dicen que las enfermedades son emocionales y esto fue un ejemplo claro de ello. Supuso uno de los momentos en los que más miedo he sentido en mi vida. Se me pasaron por la cabeza un millón de cosas terribles. Por suerte, no sucedió ninguna de ellas y ahora Ava es una niña sana que crece con normalidad.

Después del episodio de Fuerteventura, me di cuenta de que Torben no vendría nunca a visitar a sus hijas si yo no le cedía un espacio en mi casa. Y como yo tengo muy claro que quiero que mis hijas vean a su padre, al final decidí claudicar en ese punto. Llegué a pagarle hoteles para que viniese a ver a Ava y a Olivia, porque no paraba de decir que dormir en Barcelona era demasiado caro para él, pero lo de hacerme cargo de su alojamiento de forma continua era insostenible para mí, así que no me quedó otra que ceder y dejar que se quedara en el sofá. Como ya os he comentado en capítulos anteriores, esta fue la mejor alternativa que encontré para poder seguir desarrollando mi trabajo en redes, ya que muchas veces implica viajes a Madrid o a otras partes del mundo. Pero viéndolo ahora, sé que no es justo que me haya visto obligada a aceptar esto. Han tenido que pasar dos años y algunas cosas más para que me dé cuenta de que todavía tendría que poner algunos límites en esta nueva realidad. De los límites hablaré largo y tendido en el próximo capítulo.

Al decir adiós me di cuenta de que tú te casas, pero hasta que no te separas de esa persona, no conoces quién es realmente. Desde que me separé de Torben, ignoro la cantidad de veces que le habré dicho adiós, sin saber muy bien a dónde iría a parar. Todo empezó con Dinamarca, pero en los dos últimos años me ha asegurado una y otra vez que se iba a vivir a distintos países del mundo, a cual más remoto y alejado de la casa en la que viven nuestras hijas. Primero comentó que se iba a Malta, luego a Praga, luego a Tailandia y finalmente, se ha acabado yendo a Japón. Pero no a establecerse, sino a visitar la isla, a alojarse en distintos hoteles y a comer en buenos restaurantes. Se ve que Japón sí que se lo puede permitir. Pero, por lo que sea, Barcelona no. Barcelona es demasiado caro.

Este tipo de meteduras de pata —lo de Fuerteventura, esto de Japón— me han hecho darme cuenta de que sí, es cierto: en un divorcio con niños vas a tener que dar tu brazo a torcer, pero no para que te lo rompan. Es importante que pongamos nuestros límites y que nos respetemos a nosotras mismas. Sé que en este punto el error fue mío, porque creí que era yo la que debía estar pendiente e insistiendo todo el rato para que él cumpliera debidamente con su rol de padre. Pero en realidad, cuando le dices adiós a la persona, también le dices adiós a esa responsabilidad. A partir de ahora, será él mismo el que tendrá que responsabilizarse de lo lejana o cercana que sea su relación con Ava y Olivia. Yo, como madre que quiere lo mejor para sus hijas, haré lo que esté en mi mano por que tengan a su padre cerca, pero para que eso suceda, él también tendrá que poner de su parte. Veremos cómo vamos avanzando en este sentido.

Al final, decirle adiós a Torben fue una forma de darme cuenta de que él sí que era la persona indicada. Para tomar conciencia de lo que no quiero y de lo que me merezco. Para aprender a amarme y a ponerme como prioridad. Para recordarme que es mejor estar sola que mal acompañada. Y para acabar convirtiéndome en la persona que soy ahora.

Mi *checklist* de lecciones aprendidas:

☑ La vida no siempre es tan mágica como nos hacen creer los cuentos infantiles.

☑ Echar la vista atrás y conectar con nuestros recuerdos nos puede ayudar a entender quiénes somos ahora y quiénes queremos ser.

☑ Ni poniendo un océano de por medio podemos huir de nuestra historia (ni de la de nuestros padres). Lo que vivimos en nuestros primeros años condiciona para siempre nuestra manera de relacionarnos con el mundo y con los demás.

☑ No hay nada comparable a la sensación de estar luchando por lo que quieres y ser completamente libre.

☑ Las experiencias que vivimos son más divertidas y enriquecedoras cuando te sientes acompañada y rodeada de buenas personas.

☑ La vida puede pasar de ser la mejor comedia romántica a un drama en cuestión de segundos, ¡cuidado con los príncipes encantadores!

☑ Hay oportunidades inimaginables esperándonos a la vuelta de la esquina, así que confía. No es mentira que cuando una puerta se cierra se abre una ventana.

☑ A veces, nos empeñamos en hacer la vista gorda ante detalles y comportamientos que un día acabarán siendo decisivos. Es importante estar atenta a las señales y confiar en el instinto.

☑ La (buena) comunicación en pareja es un límite no negociable.

☑ Siempre te dicen el maravilloso regalo que es tener hijos, pero casi nadie habla del agotamiento, la incertidumbre y los juicios externos constantes que trae consigo la maternidad.

☑ Una relación sólida y duradera no son solo dos personas que se quieren, pues esto no será suficiente cuando la vida te ponga a prueba. Para capear cualquier temporal un matrimonio debe ser un equipo bien coordinado y para ello hay que hablar de logística, dinero y cosas prácticas.

☑ Las grandes decisiones de la vida no suelen tomarse a partir de una revelación, de un momento de lucidez en el que de repente lo entiendes todo y cortas por lo sano, sino que llevan tiempo; la decepción, el cansancio, las discusiones y la tristeza se acumulan y tu cuerpo empieza a mandar señales que no se deben ignorar.

☑ No es lo mismo estar enamorada de una persona que de una *idea* sobre una persona o de un proyecto de futuro.

☑ Nadie nos va a dar un premio por cargar con todo solas TODO EL TIEMPO. Es imprescindible aprender a delegar y echar mano de todos los recursos a tu disposición. Pedir ayuda no te hace débil, te hace humana.

☑ La gente critica, juzga y opina sin parar (y esto se intensifica en redes), pero la realidad es que en un proceso de divorcio nadie excepto las personas directamente involucradas conocen a ciencia cierta la realidad del proceso y el sufrimiento que implica.

- ☑ Las palabras se las lleva el viento, por eso el convenio es una poderosísima herramienta legal que recoge en detalle cualquier tema relacionado con asegurar el bienestar de los hijos en un proceso de divorcio.

- ☑ Explicar el divorcio a los más pequeños nunca es plato de buen gusto, pero es fundamental hacerlo con claridad, honestidad y firmeza. Merecen sentirse parte de lo que está pasando y tener los detalles de cómo será el futuro para ellos.

- ☑ Una vez que se ha mantenido la conversación con los hijos, ninguna conversación con el resto de la gente será tan difícil y dolorosa; es un trance por el que hay que pasar para poder seguir.

- ☑ Cuando dejas ir a una persona dejas ir también un sistema de creencias, un futuro que pensabas que era para ti y a una parte de ti que deseó que la vida fuera diferente.

- ☑ No se puede juzgar el dolor ni las vidas ajenas, pues todas tenemos tiempos y circunstancias diferentes. Cada una lleva el duelo a su manera, y ninguna es ni mejor ni peor que otra.

12

Coparentar

A veces, me sorprende lo desconocido que es el mundo de la copaternidad y la cantidad de dudas y recelos que genera en las personas que ven mis redes sociales. Sobre todo, sabiendo que los datos del Instituto Nacional de Estadística indican que, en los últimos diez años, más de la mitad de los matrimonios han terminado en divorcio. En el momento en el que tomé la decisión de separarme, lo que pasaba por mi mente era que no había ocurrido nada tan grave como para no poder continuar siendo una familia, a pesar de que el *nosotros* que formábamos se convirtiese en un *tú y yo*. Yo estaba insatisfecha con Torben como pareja, pero aun así teníamos un proyecto en común que debía seguir adelante: nuestras hijas. No quería que lo que yo viví con mi padre se volviese a repetir con Ava y Olivia. Por eso, creer que era posible seguir criando juntos después del divorcio me aliviaba, me liberaba del miedo a que todo fuera a derrumbarse.

Mientras yo ya empezaba a darle vueltas a la idea de la separación, justo conocí a una persona que me inspiró mucho en este sentido. Él fue mi jefe en uno de los últimos trabajos que tuve antes de dedicarme por completo

139

a las redes. Cuando lo conocí, me explicó que era padre de una niña de once meses, pero que estaba separado. De entrada, me chocó mucho que se hubiese separado teniendo una cría tan pequeña. Entonces, me explicó que estaban coparentando. Fue la primera vez que escuché este término. Él se había mudado a una casa que quedaba a la vuelta de la esquina de la de su exmujer, para poder seguir criando a su hija juntos. Saber que un hombre con una carrera profesional tan desarrollada había dado ese paso me hizo tener esperanza. De algún modo, vi reflejado a Torben en él. Porque, aunque Torben nunca había sido un padre que se involucrara demasiado, más allá de poner a las niñas a dormir, darles de comer o jugar con ellas, yo no consideraba que fuese un mal padre ni mucho menos.

Para ser honesta, por más veces que Torben me hubiese dicho que en caso de separación él se iba de Barcelona, siempre me quedó la ilusión de que quizá no se iría tan lejos y podríamos llegar a vivir una situación parecida a la que tenía mi jefe con su exmujer. Y la verdad es que aun estando él en Dinamarca y nosotras en Barcelona, con los retos que eso conllevaba, para mí lo más importante era que la idea que yo tenía de familia continuara manteniéndose viva. E incluso hoy, con más distancia todavía entre Torben y sus hijas, insisto: él y yo ya no somos pareja, pero los cuatro juntos formamos una familia. Yo sigo siendo la madre, él sigue siendo el padre y Ava y Olivia siguen siendo hijas de los dos.

En la actualidad existen muchísimos tipos de familia más allá de la nuclear tradicional de mamá, papá e hijos.

Hay familias con dos mamás, con dos papás, con un solo progenitor, donde los abuelos ejercen de padres... Hay versiones muy variadas. Por eso, no entiendo la insistencia que tienen algunas personas en decir que cuando te separas, la familia se acaba. ¿Por qué una familia con padres separados deja de ser familia? Yo me separé de él como hombre, no como padre. La crianza fue algo que iniciamos juntos y que no puede parar hasta que, al menos, las niñas sean mayores de edad. Además, cuando decidimos tener a Ava y a Olivia, lo decidimos juntos. ¿Por qué no podemos seguir tomando juntos las decisiones que afectan a nuestras hijas?

Después de todo lo que os he explicado, no creo que os sorprenda si os digo que fue difícil. Apostar por un proyecto familiar como este, mientras tienes al universo entero diciéndote que no va a funcionar, es complicadísimo. Si me estás leyendo porque quieres empezar a coparentar, debes saberlo: va a haber mucha gente cuestionándote, criticándote, asegurándote que este sistema no es posible, que si estáis separados ya no sois una familia. Somos cada vez más las mujeres que estamos tratando de llevar la fiesta en paz, de criar a nuestros hijos sin que tengan que aguantar a sus padres peleados. Y por si ese esfuerzo no fuera suficiente, también debemos hacer frente a los comentarios de los detractores, los que te dicen que tu familia ya no existe, que si haces eso es porque sigues queriendo estar con tu expareja, que estás privando a tu expareja de la posibilidad de otra novia y que tú tampoco podrás tener otra pareja nunca si sigues así.

A mí Torben ya no me interesa como hombre, yo no quiero estar a su lado románticamente. Yo lo que pretendo es que mis hijas sepan que tienen un padre con el que pueden contar. Que por encima de todo, tienen una familia con la que pueden contar. Algunos usuarios se piensan que el hecho de que suba vídeos con Torben significa que siempre estoy con él. Sacan conclusiones de mi vida a partir de tan solo dos o tres vídeos. Y eso es injusto. Es cierto que al poco de divorciarnos, Torben venía más a menudo a Barcelona para quedarse con las niñas y que yo pudiese aceptar trabajos en Madrid. Pero eso no significa que estuviésemos todo el tiempo juntos. Cada uno disfrutaba de sus propios espacios. Al final, en mi canal yo cuento mi propia visión de la vida. Por eso se llama Ojos de la luna, porque ahí explico lo que yo vivo, pienso y siento. ¿De quién voy a subir vídeos si no es de mi familia? Es mi realidad y la muestro como yo la veo.

Las decisiones que tomas en un momento dado sobre tu vida no son inamovibles. Hace un tiempo decidí estar con Torben, convivir y casarme con él. Pero ahora, he tomado una determinación que se adapta mejor a la persona que quiero ser. Los hijos no deberían ser un impedimento para adoptar este tipo de decisiones. No deberías estar atada a un matrimonio que no te hace feliz porque tengas hijos en común. Y por más obvia que pueda parecer esta idea, la sociedad sigue funcionando con unos estándares que hacen muy difícil animarse a dar un paso en ese sentido. Todavía hay muchas personas que piensan y me dicen que no debería haberme separado de Torben hasta que las niñas sean mayores. Pero ¿qué pasa cuando ellas sean mayores de edad? ¿Tengo que esperar casi dieciocho años a sentirme satisfecha con mi vida? En este punto, es muy probable que penséis: «De acuerdo, pero esto de coparentar, ¿cómo se hace?». Me encantaría deciros que yo tengo la clave, que cuando empecé todo este proceso encontré un manual que se titula *Las cien reglas de oro para coparentar*. Pero por desgracia, no existe. La coparentalidad no viene con instrucciones de uso. No hay un sistema estándar que nos sirva a todos. Sí que hay contenido al respecto en las redes sociales y bibliografía que te puede dar algunas pistas, pero nuestra propia forma de coparentar no está escrita, igual que no está escrita nuestra vida. Para mí, la clave es pensar siempre en tus hijos primero. Yo no pienso en otra cosa que no sea qué puedo hacer para que mis hijas estén bien, para que no les falte de nada, para que el presente de sus padres no hipoteque su futuro. Y no lo voy a tener todo bajo control, pero si ese es mi objetivo, sé que acabará yendo bien.

Me gustaría creer que la mayor parte de las madres y los padres del mundo en lo primero en lo que piensan siempre es en el bienestar de sus hijos. Y si esa es la base de vuestra coparentalidad, las decisiones que toméis serán buenas. No es necesario que sigáis siendo pareja para que vuestros hijos os vean como sus padres. Todavía hay muchas personas que creen que esta forma de crianza puede confundir a nuestros hijos, pero no es así. Se trata de hablarlo bien desde el principio con los niños. Explicarles que mamá y papá no se dan besos y no duermen en la misma habitación porque ya no son un matrimonio. Y si esto está claro, no habrá lugar a confusión. ¿Acaso es mejor que mamá y papá se peleen todo el día, que en casa siempre haya discusiones? Tus hijos sufrirán más viéndote mal y, además, se llevarán una imagen errónea de lo que es un matrimonio.

Cada paso que das en un divorcio con hijos es como completar un nivel de *Jumanji*. Nivel 1: tomar la decisión de separarte, que ya es algo muy doloroso de por sí, sin necesidad de tener hijos en común. Nivel 2: iniciar todo el proceso de divorcio y acordar cómo van a ser las reglas del juego a partir de ese momento. Tú pones tus límites y tu expareja pone los suyos. Y tienes que gestionar toda esa nueva información. Decidir cómo vas a compartir la crianza es una locura, pero es posible.

Puede que este proceso te deje con la sensación de que todo es culpa tuya y de que has roto tu familia. Pero no, no has roto nada, solo has hecho los reajustes que necesitabas para sentirse bien y darles a tus hijos lo mejor. Y puede que al principio tu nueva realidad te agobie y te frustre porque no eres capaz de llegar a todo. Pero a lo mejor, que llegues a todo no es lo más importante. No es necesario estar a mil cosas a la vez, cuando tus hijos lo que van a recordar de ti es todas esas veces que jugaste con ellos, que estuviste a su lado, que los consolaste y los acompañaste. Sé amable contigo, ten paciencia si las cosas no salen bien a la primera; tarde o temprano verás que todo acaba encajando.

Coparentar no significa coincidir y juntarnos de vez en cuando. Va mucho más allá de eso. Coparentar es también seguir tomando de forma coordinada las decisiones que tienen que ver con la educación de tus hijos. Y por supuesto, supone que haya una constancia en la relación con ambos progenitores. Existen muchísimas formas de entender y gestionar la coparentalidad. Por ejemplo, hay familias que llegan a un acuerdo de *nesting*, esto es, que los hijos siempre estén en la misma casa y son los progenitores los que entran y salen de la casa familiar, para que las rutinas de los niños se vean menos afectadas que si tuvieran que mudarse cada dos semanas. Se pueden organizar cosas muy interesantes si los dos progenitores están verdaderamente interesados en el bienestar de sus hijos. Pero, por ahora, estos modelos todavía se ven poco, porque en este aspecto seguimos estando en el Paleolítico.

También hay otras situaciones como la mía, en la que uno de los progenitores tiene la custodia completa y el otro va y viene. Y en esos casos, lo que se intenta es que al menos podamos compartir todos los momentos que son importantes para la familia y, sobre todo, para los niños. Momentos como cumpleaños, actuaciones escolares, competiciones deportivas, graduaciones y, en general, todas esas situaciones que habitualmente apetece vivir en familia. No hay necesidad de que tú y tu expareja os llevéis mal. Un divorcio no tendría que implicar que no puedas ver a tu ex ni en la sopa. Y, de hecho, no es posible coparentar si no lo haces con mucha paciencia y desde el cariño.

La pregunta del millón: ¿y qué pasa si alguno de los dos empieza a tener una nueva relación con otra persona? Pues sinceramente, no lo sé. Es algo que no puedes saber hasta que no lo vives. Pero en todo caso, si llega ese momento, volveremos a ver cómo nos reorganizamos. La clave siempre es la comunicación y poner el bienestar de tus hijos por delante. En redes sociales me han llegado a decir que compartir momentos en familia es una falta de respeto hacia la nueva pareja, la tuya y/o la de tu ex. Yo no entiendo por qué resulta irrespetuoso que una madre y un padre pasen tiempo con sus hijos. Si esa supuesta nueva pareja quiere venir, en mi caso, también está invitada. Es obvio que a todos nos puede causar un poco de impresión ver a nuestro ex con una novia nueva, pero si tú ya no quieres a esa persona como pareja, está bien que él o ella inicien una nueva relación. Y si eres la pareja de alguien que tiene hijos, también es recomendable saber en qué tipo de relación te estás metiendo. No deberías esperar que tu pareja deje de ver a su familia.

Algo que sí es fundamental cuando entra en juego una tercera persona es que no se la presentes a tus hijos hasta que no sepas seguro que vas a iniciar una relación estable con ella. Porque los niños necesitan estabilidad, sobre todo cuando los que los progenitores participan de forma desigual en la vida de los pequeños. En mi caso, yo a veces noto que mis hijas buscan esa figura paterna en los papás de sus amigas, porque cuando nos juntamos siempre van más con ellos o les piden ayuda a ellos en vez de a mí o a cualquiera de las mamás. A mí me duele en el corazón que sientan que les falta su padre. Si algún día yo volviese a tener una pareja y ellas vieran en esa otra persona algo parecido a una figura paterna y a los pocos meses va y desaparece, sería hacerlas pasar por otro duelo completamente innecesario. Está claro que nunca tendremos una garantía al cien por cien, pero al menos estaría bien esperar a saber seguro que deseamos mantener algo muy serio con esa persona. Y en ese caso, habrá que explicarles bien a nuestros hijos que es la pareja de mamá o de papá, pero que en ningún caso es un sustituto de su padre o de su madre.

También es importante entender que a veces el proceso no va a ser desarrollarse tal cual te lo imaginaste. El convenio se redacta una vez que te separas, pero puede revisarse tantas veces como sea necesario. Porque puede que al principio lleguéis a unos acuerdos que luego veáis que en la práctica serían mejor de otra forma. Y en ese caso, podéis volver a sentaros y corregir esos pactos que no estén encajando bien o incluir otras cosas que hayáis descubierto que os funcionan mejor en el día a día. Por suerte, el convenio no está grabado en piedra. Y aunque lo estuviese, no pasa nada, tiras la piedra al mar, buscas otra piedra y la escribes desde el principio. Porque nada debería ser más inamovible que tu bienestar y el de tus hijos.

Yo empecé mi proyecto de copaternidad con muy buenas intenciones. Y sigo teniéndolas, pero me he dado cuenta de que me fui hacia un extremo que me estaba volviendo a hacer daño, que de nuevo relegaba mis propias necesidades al final de la lista. Por más que ya me hubiese separado de Torben, todavía continuaba esperando mucho de él, y por eso seguía cargando con la responsabilidad de reclamarle esas cosas que consideraba que debía aportarle a la familia. Ahora sé que si ya decidí ponerme como prioridad y que mi amor propio sea lo más importante, no puedo seguir permitiendo que mi carga sea tan grande, ni tampoco puedo seguir esperando.

A partir de que Torben tomara la decisión de irse a Japón sin pensar en cómo podría afectar eso a la relación que mantiene con sus hijas, me he dado cuenta de que él y yo tomamos decisiones muy distintas. Y he entendido que yo no soy la que tiene que estar fomentando e insistiendo para que él pase momentos en familia con nosotras. Si quiere hacerlo, deberá tomar la iniciativa. Yo por mi parte daré todas las facilidades que pueda, porque quiero continuar coparentando en la medida de lo posible, pero voy a anteponer mis necesidades, como madre y persona que está al cien por cien al cargo de nuestras hijas. Porque soy yo la que se agobia, la que se cansa, la que no tiene espacios propios y mis decisiones deben basarse en eso, no en facilitar que él sea un buen padre. Esa no es mi tarea. Yo ya estoy haciendo todo lo que puedo cada día por ser buena madre y eso es más que suficiente. Su responsabilidad no me la tengo que echar yo encima.

Unas pocas semanas después de que Torben se fuese a Japón, Ava me preguntó cuándo volvería a estar papá en Barcelona. En ocasiones anteriores, me hubiese preocupado de insistirle a Torben para que diese unas fechas. Pero ya no. Le contesté que no lo sabía y que se lo tendría que preguntar a él. Porque la frecuencia con la que venga a ver a sus hijas es su responsabilidad, y por más que yo desee que no pasen muchos meses entre visita y visita, es algo que no puedo controlar. Hasta su viaje a Japón, Torben nunca se había ido del todo. No había desaparecido ni se había desentendido de las niñas. Tenían conversaciones casi cada noche, mientras ellas cenaban. Pero claro, ahora con el cambio horario es un poco complicado que puedan verse cada día. Una cosa que me generaba mucha tristeza al principio era cuando hablaba conmigo por el motivo que fuese y no preguntaba por las niñas. Eso me hacía sentir fatal. Pero como he dicho, mi perspectiva en este momento es un poco diferente: si él no se preocupa de preguntar, yo no tengo ninguna intención de irle detrás. Mi deber es cuidar de ellas todo el tiempo y el suyo es, como mínimo, informarse de si están bien.

No puedo evitar pensar que este capítulo debería ir dirigido principalmente a los hombres. Cada día leo historias de mujeres que tienen que sacar adelante a sus hijos completamente solas, ya que los padres de los niños se desentienden de la crianza tras el divorcio. Y eso no es justo, porque no son solamente hijos de ella, sino también de él. Estoy segura de que hay muchísimas mujeres a las que les encantaría poder coparentar, pero es difícil, cuando ellos son capaces de tomar sus decisiones unilateralmente tan rápido, sin pensar en nadie. Deciden que quieren irse y se van sin medir las consecuencias. Y eso significa que la otra parte, que generalmente son ellas, se tiene que quedar. Porque claro, si ella opta por marcharse también, ¿qué pasa? No te divorcias de tus hijos, te divorcias de tu pareja. Pero parece que eso es algo que no todos los hombres entienden.

Ojalá me lean muchos hombres para que no se olviden de que los hijos son tan suyos como de sus exparejas. Por desgracia, todavía vivimos en una sociedad que justifica que los padres, una vez que se separan de las madres, también puedan hacerlo de sus hijos. Y eso conlleva que haya una mujer al otro lado realizando muchísimas renuncias para poder criar prácticamente sola. Tenemos que aguantar que nos llamen guerreras, valientes, porque podemos con todo y hacemos lo imposible. Pero no siempre lo hacemos por decisión propia. Muchas veces no nos queda otra que criar y mantener a nuestros hijos solas, cuando la decisión de traerlos al mundo no la tomamos nosotras de forma unilateral. Ojalá me leyesen y entendiesen que ocuparte de tus hijos no es pagar una manutención cada mes y desaparecer. Y si es cierto que también tengo ejemplos cerca de hombres, como mi exjefe, que no son así, que no se van a diez mil kilómetros de distancia de sus hijos porque lo que quieren es estar cerca de ellos, también hay muchas seguidoras que me cuentan cada día que sus ex viven a escasa distancia de sus hijos y nunca realizan el más mínimo esfuerzo por ir a verlos. Y esto no lo escribo para hacerme la víctima, sino para dejar testimonio de la realidad que experimentan muchas mujeres a diario. De eso hablaremos largo y tendido en el próximo capítulo.

Es triste saber que estas cosas están pasando todavía. Sin embargo, eso no va a hacer que me pare ni que cambie mi forma de pensar. Coparentar es posible. Sí, se puede. Se puede hasta donde llegues, hasta donde tú definas tus límites. Y sin caer en la trampa de esperar a que tu ex realice esfuerzos que ni siquiera hizo cuando estabais casados. Podemos compartir momentos, podemos compartir puntos de vista sobre cómo educar, pero siempre marcando límites claros, tanto individuales como comunes.

Ojalá todo esto cambie, para que las que empezamos nuestras nuevas vidas con la ilusión de coparentar lo podamos lograr. Por el bienestar de nuestros hijos y por el de la sociedad. Y es que el núcleo donde empieza el bienestar de la sociedad es la familia. Si criamos a niños sanos mentalmente, sin traumas, esas personas crecerán y acabarán formando una sociedad mejor. Cada día recibo comentarios diciéndome que no voy a cambiar el mundo. Y es verdad, pero, al menos, puedo cambiar parte de mi entorno, paso a paso. Yo simplemente estoy tratando de aportar algo positivo y si todos hiciésemos lo mismo a la vez, seguro que algo mejoraría. Lo que sí que dudo es que irte a diez mil kilómetros de distancia de tus hijas sea lo mejor que puedes hacer por el mundo, pero bueno, cada uno toma sus propias decisiones.

Estaría bien que cada vez fuésemos más conscientes del tipo de mensajes que reproducimos como sociedad. A mí me duelen los oídos cada vez que oigo que excusan a los padres ausentes porque, claro, como somos nosotras las que llevamos a los niños dentro… Bueno pues para poner a ese niño dentro de nosotras sí que estaban. Otra frase que tampoco soporto es esa de que las mamás siempre serán las mamás. A ver, siempre seremos más importantes que los papás si no les exigimos que se impliquen tanto como nosotras. Ya basta de decir que una madre todo lo puede. Oiga, señor, no, yo no lo puedo todo. Y además es que no quiero. Yo no quiero que me digan que soy una valiente, quiero que se responsabilicen tanto como yo. Este tipo de mensajes tienen que cambiar, porque hacen mucho daño. Para que coparentar sea una opción como cualquier otra, la visión que alberga la sociedad sobre el divorcio y la crianza debe cambiar. No puede ser que el divorcio siga entendiéndose como una ruptura que implica no volver a hablarte con tu ex.

Y por supuesto, coparentar no debería suponer bajo ningún concepto aceptar malos tratos de ningún tipo. Porque cualquier cosa que te provoque sufrimiento nunca le hará bien a tus hijos. Tú puedes empezar este proyecto con toda la ilusión del mundo, pero si ves que se tuerce, no permitas que siga. Nada, ni siquiera tus hijos, justifica que te vuelvas a perder, ni que vuelvas a aceptar los mínimos. El mínimo esfuerzo no se debería celebrar. No puede ser que nos alegremos porque es un padre que de vez en cuando va a visitar a sus hijos. ¿Cuántas veces al año? ¿Para jugar un rato e irse de nuevo o para implicarse de verdad en sus vidas? Estar con tus hijos no es un esfuerzo, es lo mínimo que debes hacer.

Yo he llegado a tener que aguantar que me cuestionen por qué no he ido a visitar a mis hijas a Dinamarca durante los dos meses que han estado de vacaciones con su padre. Para empezar, no lo he hecho porque me hallaba inmersa en unas obras y una mudanza. Pero, además, yo estoy con ellas los diez meses restantes del año. ¿Esos meses no cuentan? ¿De verdad? No creo que deba sentirme culpable por disponer de dos meses para encargarme de gestiones que no puedo hacer el resto del año. Entre ellas, contar con tiempo para mí misma. Si tengo un momento libre en medio de la locura que es ocuparse de dos niñas pequeñas sola, lo mínimo que puedo hacer es disfrutarlo y no castigarme por no estar pensando constantemente en ellas. Ojalá muchas más mujeres pudiesen contar con ese tiempo. No vas a ser la peor madre del mundo por no haber pensado en tus hijas un día de los trescientos sesenta y cinco que tiene el año. Debemos dejar de tratarnos con tanta dureza. No podemos perseguir una imagen de nosotras mismas que no vamos a poder lograr nunca, porque, además, por más que lo intentemos, siempre habrá alguien que piense que no lo estamos haciendo bien. Hagamos lo que hagamos. La vara de medir tiene que ser nuestra propia satisfacción. Yo estoy bien, estoy contenta, siento que lo estoy haciendo genial y aquí se acaba el tema.

Por eso, cuando estás coparentando es muy importante ver a otras personas que, como tú, también están procurando aplicar los mismos criterios, con sus altibajos, pero que lo van logrando. Porque no va a ser perfecto, pero va a ser mejor que no intentarlo. No creo que le hagamos daño a nadie por tratar de generar un ambiente más propicio para nuestros hijos. Más bien, todo lo contrario. En este sentido, os podéis apoyar en aquel contenido que consideréis de ayuda en redes sociales, que es mucho y cada vez mejor, pero también podéis buscar grupos de apoyo. Con una pequeña búsqueda en Google, podéis hallar iniciativas locales orientadas a que las personas divorciadas encuentren ese apoyo. Y también hay aplicaciones destinadas a conocer gente y a hacer amigos. En momentos así, conversar con personas que pasan por una situación parecida a la tuya, con las que puedes compartir abiertamente cómo te sientes, puede ser de gran ayuda.

Lo más importante es que después de la separación, no arrastres los motivos por lo que te separaste para mantener a la familia unida. Es importante discernir muy bien entre las decisiones que se deben tomar en familia y las que tienen más que ver con ser marido y mujer. Y es difícil, porque la línea es muy fina. Al final, coparentar vendría a ser más parecido a llevar un equipo de fútbol. Los jugadores son vuestros hijos y vosotros sois el entrenador y el presidente. Cada uno tiene su función en este equipo. Y, queridas lectoras, me estoy diciendo esto a mí misma mientras lo escribo para vosotras.

Me encantaría poder ayudaros mucho más, pero la realidad es que lo que yo puedo aportar es mi visión y explicar mi propia experiencia. A partir de aquí, vosotras tenéis que hacer lo que consideréis, lo que más os llene y os reconforte. Y ojalá esto os sirva, al menos, de consuelo por estar leyendo una situación que es peor que la vuestra y que os haga pensar que tampoco estáis tan mal. Os envío un fuerte abrazo y muchos ánimos, porque sé perfectamente que resulta un proceso complicado y solo quien lo vive sabe lo que es.

También quiero deciros que no todo va a ser sufrimiento. El otro día estaba con mis hijas en casa, pasando la tarde. Y de repente, nos pusimos a bailar juntas. Fue algo completamente improvisado. En ese momento nos vi y pensé en lo bien que nos encontrábamos en realidad. Antes de la separación no estábamos mal, pero nunca tuve la sensación de tranquilidad y paz que tengo ahora. Ya no percibo esa nube gris en medio de casa. Pese a que el ritmo de la vida sea rápido, no siento tantos motivos para estar agobiada. Ahora mismo noto que estoy en equilibrio, porque me priorizo. Y ya os digo que esa sensación vale mucho la pena.

Mi *checklist* de lecciones aprendidas:

- ☑ La vida no siempre es tan mágica como nos hacen creer los cuentos infantiles.
- ☑ Echar la vista atrás y conectar con nuestros recuerdos nos puede ayudar a entender quiénes somos ahora y quiénes queremos ser.
- ☑ Ni poniendo un océano de por medio podemos huir de nuestra historia (ni de la de nuestros padres). Lo que vivimos en nuestros primeros años condiciona para siempre nuestra manera de relacionarnos con el mundo y con los demás.
- ☑ No hay nada comparable a la sensación de estar luchando por lo que quieres y ser completamente libre.
- ☑ Las experiencias que vivimos son más divertidas y enriquecedoras cuando te sientes acompañada y rodeada de buenas personas.
- ☑ La vida puede pasar de ser la mejor comedia romántica a un drama en cuestión de segundos, ¡cuidado con los príncipes encantadores!
- ☑ Hay oportunidades inimaginables esperándonos a la vuelta de la esquina, así que confía. No es mentira que cuando una puerta se cierra se abre una ventana.
- ☑ A veces, nos empeñamos en hacer la vista gorda ante detalles y comportamientos que un día acabarán siendo decisivos. Es importante estar atenta a las señales y confiar en el instinto.

☑ La (buena) comunicación en pareja es un límite no negociable.

☑ Siempre te dicen el maravilloso regalo que es tener hijos, pero casi nadie habla del agotamiento, la incertidumbre y los juicios externos constantes que trae consigo la maternidad.

☑ Una relación sólida y duradera no son solo dos personas que se quieren, pues esto no será suficiente cuando la vida te ponga a prueba. Para capear cualquier temporal un matrimonio debe ser un equipo bien coordinado y para ello hay que hablar de logística, dinero y cosas prácticas.

☑ Las grandes decisiones de la vida no suelen tomarse a partir de una revelación, de un momento de lucidez en el que de repente lo entiendes todo y cortas por lo sano, sino que llevan tiempo; la decepción, el cansancio, las discusiones y la tristeza se acumulan y tu cuerpo empieza a mandar señales que no se deben ignorar.

☑ No es lo mismo estar enamorada de una persona que de una *idea* sobre una persona o de un proyecto de futuro.

☑ Nadie nos va a dar un premio por cargar con todo solas TODO EL TIEMPO. Es imprescindible aprender a delegar y echar mano de todos los recursos a tu disposición. Pedir ayuda no te hace débil, te hace humana.

☑ La gente critica, juzga y opina sin parar (y esto se intensifica en redes), pero la realidad es que en un proceso de divorcio nadie excepto las personas directamente involucradas conocen a ciencia cierta la realidad del proceso y el sufrimiento que implica.

- ☑ Las palabras se las lleva el viento, por eso el convenio es una poderosísima herramienta legal que recoge en detalle cualquier tema relacionado con asegurar el bienestar de los hijos en un proceso de divorcio.
- ☑ Explicar el divorcio a los más pequeños nunca es plato de buen gusto, pero es fundamental hacerlo con claridad, honestidad y firmeza. Merecen sentirse parte de lo que está pasando y tener los detalles de cómo será el futuro para ellos.
- ☑ Una vez que se ha mantenido la conversación con los hijos, ninguna conversación con el resto de la gente será tan difícil y dolorosa; es un trance por el que hay que pasar para poder seguir.
- ☑ Cuando dejas ir a una persona dejas ir también un sistema de creencias, un futuro que pensabas que era para ti y a una parte de ti que deseó que la vida fuera diferente.
- ☑ No se puede juzgar el dolor ni las vidas ajenas, pues todas tenemos tiempos y circunstancias diferentes. Cada una lleva el duelo a su manera, y ninguna es ni mejor ni peor que otra.
- ☑ Una familia con padres separados no deja de ser una familia, y los nuevos modelos de organización como la copaternidad deberían existir para acercarnos a la vida que deseamos garantizando el bienestar de los hijos.

☑ Cuando se tienen hijos, divorciarse no significa dejar de hacer sacrificios; seguirás teniendo que dar tu brazo a torcer. Ahora bien, tienes el derecho y la obligación de conocer y marcar tus límites para cuidarte a ti misma y no volver a posicionarte como la última de las tareas importantes.

13

Volver a encontrarme

Justo antes de mudarme a España, un amigo de República Dominicana me regaló *Memorias de una geisha*, una novela que me encanta, y me escribió una dedicatoria en las primeras páginas del libro. Desde ese momento, esa frase se quedó grabada en mi mente. Decía que el primer paso puede parecer pequeño, pero hasta que no lo das, no puedes avanzar. Como ya habéis visto a lo largo de este libro, mi historia de vida está repleta de estos pequeños primeros pasos. Y todos ellos me han llevado a lugares muy especiales. En relación a mi separación, el primer paso fue darme cuenta de que la vida que había construido durante los últimos diez años ya no me estaba llenando y tomar la decisión de volver a empezar.

Ese primer paso siempre se da con muchísimo miedo, pero cuando no estás satisfecha con la deriva que está tomando tu vida, no queda otra que andarlo. En mi caso fue separarme. En el tuyo puede que sea hacer ajustes en tu relación de pareja. Pero sea como fuere, sabes que algo tiene que cambiar. Yo decidí hacerlo por mí y por mis hijas, pero también por mi linaje. Últimamente se habla mucho de que las mujeres de hoy estamos sanando las heridas de las mujeres que vinieron antes que nosotras. Y mientras escribo esto, me emociono, porque pienso en mi abuela. Esto también lo hago por ella y por las que estuvieron antes que ella.

Tras tomar este primer paso hacia mi nueva vida, el contenido de mis redes sociales empezó a reflejar todos los cambios y dificultades que me voy encontrando por el camino. Siempre que puedo, lo cuento con humor, aunque hay veces que vives situaciones tan indignantes y complicadas que resulta un poco difícil encontrarle el lado bueno. Y en esos momentos, suelo recibir comentarios que dicen que voy de víctima. Ese es uno de los comentarios que más me duelen, porque lo que estoy haciendo es contar lo que está pasando, reflejar mi realidad, pero de víctima no tengo nada. Una víctima no estaría donde yo estoy hoy. Las cosas que digo en mis redes sociales, no las digo solamente por mí. Lo hago por mis seguidoras. Yo hago mi contenido en relación a sus consultas, sus dudas, sus miedos.

Hablar en voz alta te hace pasar por situaciones comprometidas. Yo por hablar he tenido muchos problemas en mi vida. Y no por hablar mal, sino por decir las cosas como son. Pero entonces, ¿qué he de hacer? ¿Quedarme callada? No, ese no es mi estilo. Prefiero dar visibilidad a las dificultades que tienen que hacer frente las madres separadas en su día a día y llevarme un par de palos, que seguir perpetuando con mi silencio situaciones que son insostenibles. Que dispongamos de más visibilidad no significa que nos estemos haciendo las víctimas, sino que ahora nuestros problemas también están en la palestra. Y no porque sea incómodo de ver para algunos va a dejar de existir. Entiendo que los temas que expongo a veces en mis redes sociales puedan molestar a algunas personas, como que una madre divorciada que tiene la custodia completa de sus hijos es casi una madre soltera, pero esa es mi realidad y la de muchas, pero que muchas otras mujeres.

A mí la gente que deja comentarios de odio en mis publicaciones no me parece valiente. Me encantaría que esas personas pudiesen ver el tipo de historias que leo a diario en mis mensajes directos. Mujeres con situaciones como la mía o en muchos casos peores, que encuentran en mí a alguien en quien sentirse reflejadas y me escriben en busca de apoyo. Y lo hacen en privado, porque saben que si exponen su situación en público se arriesgan a que las critiquen o que incluso las insulten. Algo estamos haciendo mal si una mujer no puede hablar públicamente de los aspectos negativos de ser madre separada.

Esta es una de las partes de la vida de los creadores de contenido que la gente no conoce: responder a los mensajes directos. Algunos de ellos empiezan diciendo «no sé si me vas a leer, pero necesito desahogarme». Y esos suelen ser los más duros de todos. Desde la primera frase, ya tengo la piel de gallina, porque sé que no va a ser fácil leerlo y más difícil va a resultar aún poder proporcionar una respuesta a la altura. Una parte importante de mis días se va en contestar los mensajes más urgentes, midiendo mis palabras para no decir nada que pueda hacer que alguien dé un paso en falso, intentando facilitar a esas mujeres el acompañamiento que necesitan en esos momentos en los que las cosas se tuercen.

Le pese a quien le pese, empezar de nuevo no tiene nada de malo. Estoy escribiendo esto en octubre del 2024; en enero de 2025 voy a cumplir cuarenta años y, a estas alturas, creo que ya puedo decir que soy la reina de empezar de nuevo. Empecé de nuevo en Madrid, en Australia, en Barcelona, y ahora he empezado de nuevo como madre divorciada. Y no tengo miedo. Porque volver a empezar no te quita nada, más bien al contrario. Te aporta experiencia y también seguridad, ya que cada vez que te rehaces, te demuestras a ti misma que puedes salir de situaciones de infelicidad tantas veces como lo necesites.

Cuando tomé la decisión de separarme, vi claro que yo no iba a poder hacer sola todo el proceso de reencontrarme. Y por primera vez, añadí este nuevo punto en mi lista: buscar ayuda. ¿Dónde se busca ayuda? En capítulos anteriores ya hemos estado hablando de ello. Tu teléfono es una herramienta muy útil y si lo usas con un poco de criterio y sentido común, puede ser un primer recurso excelente. Yo ya llevo viviendo en España veinte años, pero aun así, no me siento de aquí, porque no tengo a muchas personas cercanas a mi alrededor a quienes poderles consultar según qué cuestiones. En República Dominicana conocía a todo el mundo y, de una forma u otra, siempre acababa dando con el contacto de alguien cercano que me podía echar una mano. Aquí si necesito cualquier cosa tengo que informarme bien, buscarlo en internet, consultar mis asuntos con personas que no conozco de nada. Aunque nos incomode abrirnos y contar lo que nos pasa ante gente totalmente extraña, no nos queda otra alternativa. Quedarse callada es una opción mucho peor.

Es verdad, da mucha vergüenza sentarse delante de un médico, de una enfermera y de todo el personal sanitario que te va a ir atendiendo hasta llegar al psicólogo y al psiquiatra, repitiendo tu historia una y otra vez. Pero el sistema de salud pública fue el lugar en el que yo encontré la ayuda y, por más tortuoso que me pudiese parecer el proceso al principio, las mejoras que he ido notando a lo largo del tiempo demuestran que valió la pena levantar la mano y la voz. Aunque ese no es el único camino. En todas partes hay centros, asociaciones y grupos de apoyo que pueden proporcionarte el acompañamiento que necesitas. Pero si no cuentas lo que te pasa, no lo vas a encontrar. Porque por más extraños y oscuros que puedan parecerte tus pensamientos, no va a haber nadie que pueda comprenderlos mejor que las personas que se han formado para ayudarte.

Si tienes la posibilidad, está bien que te desahogues con tu familia y con tus amistades, pero hay momentos en los que sabes que con eso no va a ser suficiente. Y lo sabes porque el cuerpo te lo dice. Empiezas a estar agotada, no puedes dormir, se te cae el pelo, pierdes o ganas peso. El cortisol a niveles demasiado elevados produce este tipo de reacciones en nuestro cuerpo, nos hace daño. Y si tú no estás bien, tus hijos no estarán bien. El miedo de faltarles a mis hijas fue una de las cosas que más me movió a actuar. Me di cuenta de que yo no podía estar mal, porque no les puedo faltar, y el bienestar empieza cuando te cuidas a ti misma.

Los servicios médicos no fueron los únicos que me ayudaron. También me apoyé en las asistentas sociales.

Y no sabéis lo que fue para mí sentarme delante de una asistenta social y explicarle mi situación, pero si algo tenía claro es que prefería sentir vergüenza un rato a llegar al punto de no poder pagar mi alquiler, que en esos momentos resultaba demasiado elevado para mí sola. Y esa fue la mejor opción que encontré para evitarlo. Siempre tienes opciones y para encontrarlas tienes que preguntar, asesorarte, buscar esa ayuda. Es duro, pero es el camino que hay que recorrer. Empieza primero con estos pasos y ya luego puedes cortarte el pelo si es lo que quieres.

Y es que, perdonad la digresión, pero esas ganas que nos entran de cortarnos el pelo justo en los momentos de cambio tienen mucho sentido. El pelo tiene memoria y hay algo dentro de nosotras que nos lleva a sentir la necesidad de que los cambios que hacemos se exterioricen así, cortándonos el pelo, tiñéndonos, modificando la forma en la que nos vestimos. Y eso está bien. También es importante. Porque supone una declaración de intenciones, un mensaje de que has logrado avanzar, de que vuelves a empezar una etapa diferente.

En ocasiones, tu separación también implicará que acabes apartándote de gente que no te ha dado el apoyo que esperabas recibir por su parte. En este nuevo camino, yo he tenido que decir adiós a bastantes personas porque no me he sentido acompañada, ni escuchada, ni valorada por ellas. Y muchas veces no merece la pena seguir apostando por relaciones que nos hacen sentir así. Personas que quizá antes considerabas muy cercanas, en estos momentos no serán capaces de empatizar contigo. Y si tú se lo has expresado abiertamente y no han reaccionado de ninguna forma, ya sea pidiendo disculpas o cambiando su actitud, puede que lo mejor sea que sigas avanzando sin ellas. No te quedes esperando. Por contrapartida, habrá desconocidos que llegarán a ti mientras recorres este camino y, de forma completamente desinteresada, empezarán a ayudarte. Y si el universo pone ese tipo de ayudas ante ti, no digas que no. No debes sentirte mal por recibir apoyo de personas que no conoces, porque en algún momento serás tú la que asista a otros, tú misma te convertirás en esa desconocida que ayuda a alguien de forma desinteresada. Yo, por ejemplo, por mi trabajo recibo de las marcas muchos más productos de los que una persona puede llegar a precisar. Así que todo lo que no necesito y está en buen estado, lo regalo a personas a las que sé que les va a servir. Que no te dé miedo recibir ayuda, porque la vas a necesitar y algún día, serás tú quien la proporcione.

De todos modos, recuerda que tú también eres responsable de mantener las relaciones que tienes. Aunque no estés pasando por un buen momento, puede que a tu alrededor haya personas que también estén lidiando con sus propias situaciones. Nuestro proceso no es único. Todos tenemos nuestras cosas. Es normal que haya momentos de este trayecto en el que esto se nos olvide, porque estamos muy dolidas y preocupadas por salir adelante. Pero en la medida de lo posible, intenta recordar que a la vez que tú das tus pasos, los demás también están dando los suyos. Pregunta a tus amigas cómo están, cómo les van las cosas que les angustian. Devuelve todo el apoyo que recibas.

Y agradece. Hay momentos en los que vas a sentir una energía especial, que es difícil de explicar, pero que te va a hacer sentir calma y alegría. Así es la sensación de gratitud. Y siempre que la sientas, te recomiendo que lo aproveches para hacer balance y darte cuenta de las pequeñas cosas que estás consiguiendo día a día. No hay nada más bonito que agradecer. A veces, después de días complicados, llego a casa y paro unos minutos para tomar conciencia de que ese asunto que tanto me preocupaba ya ha pasado. He sobrevivido. Y doy las gracias. Me regalo ese momento para sentir gratitud. Cuando lo percibas, tómate ese instante. Porque un camino como este requiere de grandes cantidades de ilusión y es importante de vez en cuando marcar un poco de distancia para ser consciente de todos los pasos que has ido dando, aunque alguna vez te parecieran imposibles.

Otra recomendación que ya te he avanzado antes, pero en la que quiero insistir, es en que te fijes en el tipo de contenido que consumes en tu día a día. En las redes sociales, en la tele, en el diario. En todas partes. Yo desde que empecé este proceso, trato de no caer en contenidos que no me aportan, que están basados en buscar el conflicto y hacer que se inicien discusiones que no van a llevar a ninguna parte y que nos generan muchísimas sensaciones negativas. Si estamos mucho rato recibiendo información de esa clase, al final entramos dentro de un bucle de negatividad y puede que nos cueste salir. Nuestro cerebro va a preferir siempre lo malo conocido a lo desconocido, incluso aunque esto último resulte ser bueno. Somos nosotras las encargadas de guiar a nuestro cerebro y ayudarle a que se adapte a la novedad, redirigirle para que consuma contenido de valor. Al principio cuesta, pero una vez que hayas creado el hábito, lo agradecerás. Al final, los impulsos de nuestro cerebro son movidos por las experiencias que hemos vivido. Si le damos nuevas experiencias que le gustan, acabará cambiando. Hay cosas que no vas a poder modificar, pero la forma en la que piensas y los lugares por los que te mueves sí que pueden renovarse. Eso es una cuestión de actitud. No te digo que lo cambies todo de la noche a la mañana. Ve paso a paso. Empieza por cosas pequeñas y que te parezcan alcanzables. La primera en mi caso era levantarme de la cama. Y creedme, había días que eso era muy difícil para mí. Así que comencé por ahí. Ese era el objetivo de mi día. Lo apuntaba en mi cuaderno y cuando me levantaba, lo tachaba. El orgullo de saber que paso a paso estás logrando lo que quieres te va a impulsar para que puedas seguir.

Para volver a empezar de verdad, tienes que concederte mucha gracia y aprender a perdonarte. Yo reconozco que soy muy exigente conmigo misma y con los demás y durante este camino he tenido que asimilar que no siempre voy a cumplir con todas mis expectativas. Sé que siempre lo hago lo mejor que puedo y me quedo con eso. Intento fijarme menos en las cosas a las que no he llegado en el día y mirar más todo lo que sí he logrado. Vivir con culpa se hace más cuesta arriba, así que cuando estoy a punto de criticarme a mí misma por no haber hecho tal o cual cosa, paro un momento y me digo: «Angie, ya está, has hecho todo lo que has podido, te abrazo por ello». Al final, nadie nos está llevando un control de lo que hacemos bien o mal, de quién es mejor que quién. La única forma de medir lo bien o mal que lo estamos haciendo debería ser nuestra propia satisfacción personal, porque nadie mejor que tú sabe por lo que estás pasando, lo que estás sintiendo, la persona que eres.

Vas a tener que aprender a gustarte, quieras o no, porque en todos esos momentos en los que te sientas sola, tú eres la única que va a poder sacarte de ahí. O te gusta quién eres y en quién te estás convirtiendo o vas a tener un problema grande, porque vas a sentirte muy insatisfecha y ya no habrá nadie detrás de ti a quien echarle la culpa. Puede que a veces la cabeza no nos lo ponga fácil, porque dentro tenemos esa voz interior criticona machacándonos y ahí es donde necesitamos ser más compasivas con nosotras mismas. Si no te quieres, si no te das un poco de tregua, si no aprendes a perdonarte, se te hará más difícil seguir adelante. Por más gente que tengas a tu alrededor apoyándote, si tú no estás contenta contigo misma, nada de lo que hemos avanzado en los capítulos anteriores vale la pena. Si para algo debería servirnos todo lo que nos pase en la vida es para entender que nunca estás sola si estás contigo.

No tienes que seguir mis pasos tal cual. Lo que te cuento aquí es mi historia, mi experiencia. Si te sirve para saltarte parte del sufrimiento que supone el proceso y te ayuda a vivirlo de una forma mejor, estupendo. Pero al final, tú misma deberás encontrar tu propia forma de volver a empezar. Tus propios motivos para sentirte ilusionada por lo que viene, tu propio proyecto de vida y tus propios pasos.

Cuando yo empecé mi nueva vida de soltera, uno de los deseos que más se me repetía en la cabeza era la idea de comprarme un piso. Sin embargo, mi mente no paraba de bombardearme con motivos por los que esa era una idea malísima. Entonces, mi *coach* me dijo que tuviera una libreta siempre a mano, para apuntar todos los pensamientos catastróficos que disparaba mi mente, que eran muchos. En su momento, escribí cosas como «tengo miedo de que este piso salga mal, que sea una mala inversión y me deje todos mis ahorros ahí. Me siento indecisa, no sé qué es lo mejor» o «me asusta todo lo relacionado con la obra del piso, desconfío de las empresas de reforma...». Hoy lo leo, ya instalada en mi casa nueva, a punto de terminar con las reformas y me río de mí misma. Todos esos pensamientos no son más que basura, ideas que nos paralizan y nos bloquean, y lo mejor que podemos hacer es sacárnoslas de encima. A mí escribir me ayuda mucho a canalizarlas, pero tú puedes encontrar tu propia forma de hacer que el ruido mental desaparezca.

Me visualizo escribiendo esto y me doy cuenta de que lo logré. He vuelto a empezar. Y paso a paso, me estoy volviendo a reconocer. Me siento muy afortunada por tenerme a mí misma, por haber podido salir del pozo hondo en el que una vez estuve, por no haberme quedado tumbada en la cama. Me alegro de que mi primer paso fuese levantarme de la cama porque, gracias a ello, hoy mi propósito ya es otro nuevo. Y eso mola. Mola muchísimo. Y ojalá que todas las personas que me lean al final de sus procesos puedan mirar para atrás y decir: «Cómo mola, cómo mola la forma en la que ahora vivo con mis hijos». «Cómo molan las decisiones que he tomado». «Cómo mola sentirme bien conmigo misma, estar satisfecha». Y que te lo digas tú, que no tenga que venir nadie desde fuera a decírtelo. Ha sido y sigue siendo un camino duro, pero gracias a él, descubrí que soy un océano enorme y nunca más aceptaré convertirme en un vaso de agua de nuevo.

Quizá sea una de las cosas más valiosas que he aprendido al volver a empezar: sentirme autosatisfecha con las decisiones que tomo. Es fantástico verse bien y celebrarte a ti misma, digan lo que digan los demás. Mi propia madre, cuando le comenté que me había comprado un piso, lo primero que hizo fue lamentarse porque mi nuevo piso es más pequeño que el anterior. Pero sinceramente, yo estoy muy contenta con él. La suerte de tener un piso pequeño es que no tengo que limpiar los aposentos del ala este y oeste de una mansión. Eso es lo que tengo. Y estoy feliz con ello. Ojalá cada vez más mujeres en situaciones como la mía puedan tener lo que se propongan. Y quizá, cuando se paren a mirar todo lo que han ido logrando y vean lo bien que están, se propondrán nuevos retos y volverán a dar de nuevo otro primer paso para seguir avanzando. Hasta que puedan. Hasta que el tiempo y la salud lo permita. Porque al final, la vida es eso. Y la paz que disfruto hoy vale por todo lo que perdí para llegar hasta aquí.

Si algo tengo claro es que el día que sea una anciana y esté sentada en el salón de una residencia no quiero estar pensando en todas las cosas que debería haber hecho.

No. Yo no quiero vivir el final de mi vida con resentimiento. Yo quiero ser la yayita que no para de contar historias de todo lo que disfrutó cuando las fuerzas todavía se lo permitían. Explicar todos mis viajes, todas mis idas y venidas y mostrarlo con el convencimiento de que al menos hice todo lo que pude para ser feliz. Porque cada mujer que vuelve a encontrarse después de una separación jamás olvidará la versión de sí misma que pensaba que no sentiría de nuevo.

Mi *checklist* de lecciones aprendidas:

- ☑ La vida no siempre es tan mágica como nos hacen creer los cuentos infantiles.
- ☑ Echar la vista atrás y conectar con nuestros recuerdos nos puede ayudar a entender quiénes somos ahora y quiénes queremos ser.
- ☑ Ni poniendo un océano de por medio podemos huir de nuestra historia (ni de la de nuestros padres). Lo que vivimos en nuestros primeros años condiciona para siempre nuestra manera de relacionarnos con el mundo y con los demás.
- ☑ No hay nada comparable a la sensación de estar luchando por lo que quieres y ser completamente libre.
- ☑ Las experiencias que vivimos son más divertidas y enriquecedoras cuando te sientes acompañada y rodeada de buenas personas.
- ☑ La vida puede pasar de ser la mejor comedia romántica a un drama en cuestión de segundos, ¡cuidado con los príncipes encantadores!
- ☑ Hay oportunidades inimaginables esperándonos a la vuelta de la esquina, así que confía. No es mentira que cuando una puerta se cierra se abre una ventana.
- ☑ A veces, nos empeñamos en hacer la vista gorda ante detalles y comportamientos que un día acabarán siendo decisivos. Es importante estar atenta a las señales y confiar en el instinto.
- ☑ La (buena) comunicación en pareja es un límite no negociable.

- ☑ Siempre te dicen el maravilloso regalo que es tener hijos, pero casi nadie habla del agotamiento, la incertidumbre y los juicios externos constantes que trae consigo la maternidad.

- ☑ Una relación sólida y duradera no son solo dos personas que se quieren, pues esto no será suficiente cuando la vida te ponga a prueba. Para capear cualquier temporal un matrimonio debe ser un equipo bien coordinado y para ello hay que hablar de logística, dinero y cosas prácticas.

- ☑ Las grandes decisiones de la vida no suelen tomarse a partir de una revelación, de un momento de lucidez en el que de repente lo entiendes todo y cortas por lo sano, sino que llevan tiempo; la decepción, el cansancio, las discusiones y la tristeza se acumulan y tu cuerpo empieza a mandar señales que no se deben ignorar.

- ☑ No es lo mismo estar enamorada de una persona que de una *idea* sobre una persona o de un proyecto de futuro.

- ☑ Nadie nos va a dar un premio por cargar con todo solas TODO EL TIEMPO. Es imprescindible aprender a delegar y echar mano de todos los recursos a tu disposición. Pedir ayuda no te hace débil, te hace humana.

- ☑ La gente critica, juzga y opina sin parar (y esto se intensifica en redes), pero la realidad es que en un proceso de divorcio nadie excepto las personas directamente involucradas conocen a ciencia cierta la realidad del proceso y el sufrimiento que implica.

☑ Las palabras se las lleva el viento, por eso el convenio es una poderosísima herramienta legal que recoge en detalle cualquier tema relacionado con asegurar el bienestar de los hijos en un proceso de divorcio.

☑ Explicar el divorcio a los más pequeños nunca es plato de buen gusto, pero es fundamental hacerlo con claridad, honestidad y firmeza. Merecen sentirse parte de lo que está pasando y tener los detalles de cómo será el futuro para ellos.

☑ Una vez que se ha mantenido la conversación con los hijos, ninguna conversación con el resto de la gente será tan difícil y dolorosa; es un trance por el que hay que pasar para poder seguir.

☑ Cuando dejas ir a una persona dejas ir también un sistema de creencias, un futuro que pensabas que era para ti y a una parte de ti que deseó que la vida fuera diferente.

☑ No se puede juzgar el dolor ni las vidas ajenas, pues todas tenemos tiempos y circunstancias diferentes. Cada una lleva el duelo a su manera, y ninguna es ni mejor ni peor que otra.

☑ Una familia con padres separados no deja de ser una familia, y los nuevos modelos de organización como la copaternidad deberían existir para acercarnos a la vida que deseamos garantizando el bienestar de los hijos.

☑ Cuando se tienen hijos, divorciarse no significa dejar de hacer sacrificios y seguirás teniendo que dar tu brazo a torcer. Ahora bien, tienes el derecho y la obligación de conocer y marcar tus límites para cuidarte a ti misma y no volver a posicionarte como la última de las tareas importantes.

☑ Un primer paso —aunque cueste mucho, aunque sea pequeño— es todo lo que hace falta para empezar un nuevo camino y eres valiente por atreverte a darlo. Nunca es demasiado tarde para vivir la vida que deseas.

14

¿Volver a enamorarme?

Nunca pensé que estando a punto de cumplir cuarenta años, me estaría abriendo un perfil en Tinder. Preguntándome qué fotos elijo y qué pongo en la descripción. Tierra, trágame. ¿En serio he de volver a pasar por todo el proceso que conlleva ligar otra vez? Qué pereza. De verdad, me da mucha pereza. Además, ¿con qué tiempo? Voy todo el día a tope de un lado para el otro y cuando por fin dispongo de un momento para sentarme en mi sofá tranquila, ¿se supone que tengo que ponerme a investigar otra red social más? La verdad es que, en estos momentos, no es mi prioridad.

Pero ¿sabes qué? Ahora siento muchísima menos presión a la hora de ligar. Ya no hay ninguna tía preguntándome cuándo me voy a casar ni tengo que aguantar que mi madre me diga que se me está pasando el arroz. Ahora el arroz ya está cocinado. Yo ya he transitado por todo eso. Ya me he casado, ya me he reproducido y hasta me he divorciado. He tachado todos los puntos de lo que se supone que debes hacer para ser una mujer ejemplar e incluso alguno extra. Ahora solo me queda divertirme cuando me apetezca.

Siento que en este momento no necesito nada más de lo que ya tengo, de lo que ya soy por mí misma. Sí que me gustaría poder mantener una conversación de adultos de vez en cuando, porque me paso el día entero hablando con mis hijas. O que alguien me diga lo guapa que estoy y me levante el ánimo cuando lo necesite. Pero ahora, eso también me lo digo yo. Me visto, me miro al espejo y me gusto. Quizá sí que me apetece un roce, un cariño, no te voy a decir que no a eso. Pero poco más. A mí que no venga nadie ahora con la idea de que nos vayamos a vivir juntos, porque paso. Podemos viajar a donde quieras y compartir todos los planes que nos apetezcan, pero luego él que se vuelva a su casa y yo a la mía. Y sí, esto lo digo ahora, en octubre de 2024. Por favor, que nadie me guarde rencor si dentro de unos años mi perspectiva cambia y acabo viviendo con una nueva pareja. Pero lo que os puedo contar es lo que siento en este instante, que, en general, se resumen en mucha pereza.

Yo ya no siento la obligación de ir a la caza del hombre ideal. No tengo que ponerme guapa y subirme encima de unos tacones para nadie más que no sea yo misma. No noto ninguna presión. Aunque eso tampoco significa que me haya convertido en una monja. Quien come callado come dos veces, solo digo eso. Si tienes tiempo, ¿por qué no vas a aprovechar para disfrutarte? Pero yo vivo en mis propias carnes lo difícil que es conseguir ese tiempo, así que si no lo estás haciendo, entiendo perfectamente el motivo. A mí misma no me queda otra que esperar al verano para tener cualquier tipo de roce. En verano dispongo de un mes para vivir y luego ya desaparezco.

Pero al menos, cuando podamos, disfrutémonos. Y con el grado de compromiso que nos apetezca. No porque seas madre divorciada tienes que juntarte con un padre divorciado y volver a organizarte. No hay necesidad. Si hemos llegado hasta aquí, que sea para hacer lo que de verdad nos venga en gana.

Yo en mi caso estoy en una franja de edad en la que me planteo incluso que tanto me sirve el padre maduro de cincuenta años como el hijo apasionado de treinta. Ahora, ya libre de compromisos, quizá puedes probar si te conviene más el magnesio de uno o el colágeno del otro. En estos momentos, yo lo único que necesito es salir y pasármelo bien, no un candidato a marido ni a padre.

Un apunte importante: si vas a tener una cita con alguien que todavía no conoces mucho, no te olvides de hacerlo con seguridad. Porque quedar con gente por internet está muy bien, pero también puede dar lugar a situaciones comprometidas. Toma todas las precauciones que consideres oportunas y no te cites con nadie si no lo ves claro. Yo, por ejemplo, cuando voy a salir siempre comparto mi ubicación en tiempo real con una amiga cercana. Porque además de divertirme, quiero tener la certeza de que voy a volver a casa sana y salva.

Y más allá de parejas y ligoteos, este es un buen momento para hacer nuevas amistades. Hace poco, una seguidora me envió un mail y me explicó que ella también se había separado y se había dado cuenta de que todas esas amigas con las que salía antes de casarse habían ido desapareciendo por motivos varios. Eso es algo muy común. A medida que pasan los años, tus círculos sociales se van reduciendo, porque las vidas de todas esas personas que conociste en el colegio, en la universidad, en el trabajo, poco a poco se vuelven más complejas y se pierde el contacto. Y algo que también pasa muy a menudo es que los amigos que tenías en común con tu pareja, cuando te separas, se ven obligados a elegir un bando. Eso puede hacer que al principio te sientas bastante sola. Esta seguidora y yo decidimos quedar para conocernos mejor y después de esa primera toma de contacto, seguimos hablando y viéndonos de vez en cuando. Y nos viene bien a las dos porque, al estar atravesando situaciones similares de vida, nos comprendemos perfectamente. Cuando estamos juntas, tenemos ese espacio para poder desahogarnos sin sentirnos juzgadas. Y eso es muy liberador. Encontrar a un grupo de amigas separadas es estupendo, porque tienes cosas en común, no te sientes como una alienígena. Hoy en día, no solo existen aplicaciones para ligar, sino también plataformas para hacer nuevas amistades, para organizar planes con otras madres y conectar con otros padres y madres que pasan por situaciones similares. Quizá vale la pena que le eches un ojo a eso, porque de ahí pueden surgir conexiones muy enriquecedoras.

Aunque también te digo que cuando se trata de tener momentos de distensión, no es necesario que salgas siempre con personas con tu misma situación de vida. Yo al final paso muchísimo tiempo con amigos que son pareja. Soy la madre soltera que se acopla a los planes de otras parejas. Y al principio eso me costaba mucho, porque me dolía recordar que mi relación sentimental no había acabado bien y me comía la cabeza con la idea de que yo sobraba en ese plan. Pero ahora ya lo llevo mejor. Al final, son mis amigos y me alegro de que ellos sí estén bien. Me siento agradecida por poder pasar tiempo a su lado. Ellos vienen con su hija, yo con las mías, hacemos planes, lo pasamos bien y estamos a gusto juntos, que al final, es lo más importante.

Hace poco también me contactó una empresa que organiza viajes grupales para familias de padres y madres separados y la idea me pareció muy interesante, porque justo es algo que he experimentado últimamente: es más fácil cuidar de los niños cuando lo haces en tribu, puesto que haces piña, te ayudas y aunque los niños se multipliquen, también hay más ojos y más manos atentas a que todo salga bien. Si tú no cuentas con una tribu de mamás, papás y niños, te recomiendo que la busques. ¿Cómo? Pues justo como hizo mi seguidora y nueva amiga: contactando con nuevas personas, explicando tu estado y disposición, apuntándote a nuevas actividades... Hay que buscarse la vida y perder la vergüenza, porque hay muchísima más gente de la que te imaginas en idéntica situación a la tuya.

Si hay clubes de *runners*, clubes de baile y clubes del libro, ¿por qué no va a haber clubes de personas separadas con hijos? Puede que la gente que no se encuentra en la misma tesitura que nosotras se piense que nuestro objetivo es ligar, pero no, solo pretendemos juntarnos con otras personas que nos entienden, que saben exactamente por los que estamos pasando y en algunas ocasiones hasta lo que estamos pensando. Eso resulta muy positivo y es importante que sigamos potenciándolo. Ya es hora de ir normalizando la vida después del divorcio. En resumen, ahora mismo el mayor consejo que puedo darte sobre volver a enamorarte es el siguiente: olvídate del príncipe azul. Ojalá te encuentre un lobo feroz, que te escuche mejor, que te vea mejor y te coma mejor. Porque te lo mereces. Me lo merezco. Nos lo merecemos. Aunque si me preguntas a mí, eso no es lo que más me preocupa en este instante. Mi máxima aspiración es poder vivir como quiero y que mis hijas puedan disfrutar de la familia que se merecen. Y si por el camino aparece un chico guapísimo que quiera acompañarme, ya veremos. Primero, tendrá que pasar el cuestionario sobre las heridas de su infancia. Porque recordemos que ahora ya no nos interesa saber si quiere tener niños, sino cómo está su niño interior. Que los diez años del matrimonio anterior y todas las sesiones de terapia nos sirvan para no volver a caer otra vez en la misma historia.

Y hasta aquí mi libro. Un libro del que espero que el mensaje que te lleves no sea que te divorcies, sino que te vuelvas a encontrar, que vas a poder salir adelante y que yo soy solo un ejemplo de todas las cosas increíbles que puedes llegar a conseguir cuando te colocas en el centro de tu vida. Ojalá que algún día ya no haga falta este libro porque todas podamos narrar nuestras historias con libertad y podamos ser escuchadas de igual manera. Ojalá, si un día me encuentro contigo, me cuentes que tienes la familia que quieres, la vida que quieres y que por encima de todo, te tienes a ti.

Mi *checklist* de lecciones aprendidas:

☑ La vida no siempre es tan mágica como nos hacen creer los cuentos infantiles.

☑ Echar la vista atrás y conectar con nuestros recuerdos nos puede ayudar a entender quiénes somos ahora y quiénes queremos ser.

☑ Ni poniendo un océano de por medio podemos huir de nuestra historia (ni de la de nuestros padres). Lo que vivimos en nuestros primeros años condiciona para siempre nuestra manera de relacionarnos con el mundo y con los demás.

☑ No hay nada comparable a la sensación de estar luchando por lo que quieres y ser completamente libre.

☑ Las experiencias que vivimos son más divertidas y enriquecedoras cuando te sientes acompañada y rodeada de buenas personas.

☑ La vida puede pasar de ser la mejor comedia romántica a un drama en cuestión de segundos, ¡cuidado con los príncipes encantadores!

☑ Hay oportunidades inimaginables esperándonos a la vuelta de la esquina, así que confía. No es mentira que cuando una puerta se cierra se abre una ventana.

☑ A veces, nos empeñamos en hacer la vista gorda ante detalles y comportamientos que un día acabarán siendo decisivos. Es importante estar atenta a las señales y confiar en el instinto.

☑ La (buena) comunicación en pareja es un límite no negociable.

☑ Siempre te dicen el maravilloso regalo que es tener hijos, pero casi nadie habla del agotamiento, la incertidumbre y los juicios externos constantes que trae consigo la maternidad.

☑ Una relación sólida y duradera no son solo dos personas que se quieren, pues esto no será suficiente cuando la vida te ponga a prueba. Para capear cualquier temporal un matrimonio debe ser un equipo bien coordinado y para ello hay que hablar de logística, dinero y cosas prácticas.

☑ Las grandes decisiones de la vida no suelen tomarse a partir de una revelación, de un momento de lucidez en el que de repente lo entiendes todo y cortas por lo sano, sino que llevan tiempo; la decepción, el cansancio, las discusiones y la tristeza se acumulan y tu cuerpo empieza a mandar señales que no se deben ignorar.

☑ No es lo mismo estar enamorada de una persona que de una *idea* sobre una persona o de un proyecto de futuro.

☑ Nadie nos va a dar un premio por cargar con todo solas TODO EL TIEMPO. Es imprescindible aprender a delegar y echar mano de todos los recursos a tu disposición. Pedir ayuda no te hace débil, te hace humana.

☑ La gente critica, juzga y opina sin parar (y esto se intensifica en redes), pero la realidad es que en un proceso de divorcio nadie excepto las personas directamente involucradas conocen a ciencia cierta la realidad del proceso y el sufrimiento que implica.

☑ Las palabras se las lleva el viento, por eso el convenio es una poderosísima herramienta legal que recoge en detalle cualquier tema relacionado con asegurar el bienestar de los hijos en un proceso de divorcio.

☑ Explicar el divorcio a los más pequeños nunca es plato de buen gusto, pero es fundamental hacerlo con claridad, honestidad y firmeza. Merecen sentirse parte de lo que está pasando y tener los detalles de cómo será el futuro para ellos.

☑ Una vez que se ha mantenido la conversación con los hijos, ninguna conversación con el resto de la gente será tan difícil y dolorosa; es un trance por el que hay que pasar para poder seguir.

☑ Cuando dejas ir a una persona dejas ir también un sistema de creencias, un futuro que pensabas que era para ti y a una parte de ti que deseó que la vida fuera diferente.

☑ No se puede juzgar el dolor ni las vidas ajenas, pues todas tenemos tiempos y circunstancias diferentes. Cada una lleva el duelo a su manera, y ninguna es ni mejor ni peor que otra.

☑ Una familia con padres separados no deja de ser una familia, y los nuevos modelos de organización como la copaternidad deberían existir para acercarnos a la vida que deseamos garantizando el bienestar de los hijos.

☑ Cuando se tienen hijos, divorciarse no significa dejar de hacer sacrificios y seguirás teniendo que dar tu brazo a torcer. Ahora bien, tienes el derecho y la obligación de conocer y marcar tus límites para cuidarte a ti misma y no volver a posicionarte como la última de las tareas importantes.

☑ Un primer paso —aunque cueste mucho, aunque sea pequeño— es todo lo que hace falta para empezar un nuevo camino y eres valiente por atreverte a darlo. Nunca es demasiado tarde para vivir la vida que deseas.

☑ **El amor más grande e importante es el propio, así que asegúrate de que lo cultivas cada día.**

Agradecimientos

Gracias a todas las *Flowers* que, desde el momento en que compartí que me había divorciado, se unieron a esta hermosa comunidad. A muchas de ellas, les agradezco profundamente que, aunque se hayan sumado por otros temas que compartía antes de este, han seguido aquí, manteniéndose a mi lado y apoyándome. Para mí, esto marca el inicio de una vida más plena, más consciente y llena de crecimiento personal.

Gracias a mis hijas, porque, aunque aún no lo sepan, me salvaron y continúan salvándome todos los días. Ellas me han dado la inspiración y la fuerza para seguir adelante, me impulsan a ser mejor y, sobre todo, a no rendirme nunca.

Gracias a Torben, por regalarme una relación romántica tan hermosa, que, aunque no haya terminado como esperábamos, me ha enseñado lecciones valiosas. A través de él, he aprendido a creer, querer y valorar el amor desde un lugar más consciente, de abundancia y gratitud.

A mi madre, porque ahora entiendo su historia, su lucha y todo lo que ha hecho por mí. Gracias a este entendimiento, nuestra relación ha evolucionado. Hoy me siento más cómoda en ella, puedo ser yo misma, darme a respetar y, a su vez, respetarla a ella.

Gracias a «mamá», por enseñarme tanto con su vida, por su bondad, amor y educación. Me dejó un legado que llevo conmigo cada día y que me ha ayudado a ser quien soy. Y a todas las personas que han entrado y salido de mi vida, gracias. Cada una de ellas, con sus huellas, ha contribuido a que me forjara un camino único y a que hoy pueda estar aquí, compartiendo este proceso. Sin ustedes, no sería quien soy.